Une nouvelle perspective:
Un concept thérapeutique dans une optique biblique

Ralph Séraphin

Page Intentionally left blank

Une nouvelle perspective:

Un concept thérapeutique dans une optique biblique

Une mise en dialogue entre la thérapie d'acceptation et d'engagement (ACT) et des passages directement tirés de la Bible

DROIT D'AUTEUR

À ajouter ultérieurement

REMERCIEMENT

Je tiens à exprimer ma profonde gratitude à toutes les personnes qui, de près ou de loin, ont contribué à la réalisation de cet ouvrage par leurs mots d'encouragement.

Un merci tout particulier à la pasteure Jacqueline Émile, alias « Le plaisir d'écrire ». Sa formation de groupe sur l'écriture est arrivée au moment idéal pour m'offrir les outils et la confiance nécessaires afin de me lancer dans cette aventure.

Je remercie également mon épouse, mon antidote humain et mon éditrice, Marie-Élia Ménard. Sans toi, je ne serai qu'une triste moitié.

Merci aussi à vous, chers lecteurs. Merci d'ouvrir ce livre et de prendre le temps d'en découvrir le contenu. J'espère que vous y trouverez satisfaction, et autant de plaisir à le lire que j'en ai eu à l'écrire.

Enfin, merci à Dieu, qui, par cet ouvrage, démontre qu'il peut tout accomplir, même faire d'un homme qui n'aime pas écrire… un écrivain.

AVANT-PROPOS

Mon parcours professionnel m'a conduit d'une carrière dans le domaine de l'électronique vers celui du travail social. On pourrait dire que j'ai troqué les techniques de dépannage numérique contre des techniques d'intervention en santé mentale. Autrement dit, j'ai quitté un travail mécanique et répétitif pour me consacrer à une vocation passionnée, tournée vers l'humain et son épanouissement.

À titre de travailleur social agréé, j'exerce depuis plusieurs années comme thérapeute en santé mentale dans les milieux scolaires, tant au primaire qu'au secondaire. Mes diverses expériences en centres communautaires ainsi qu'auprès de la protection de l'enfance ont considérablement enrichi ma pratique. Par ailleurs, j'éprouve un immense plaisir à transmettre mes connaissances aux futurs diplômés du programme de techniques en travail social au niveau collégial.

De plus, les différents rôles et responsabilités que j'ai occupés au sein de ma congrégation religieuse m'ont permis de développer un leadership autant spirituel que psychosocial. C'est ainsi que j'ai constaté que de nombreux chrétiens hésitent encore à envisager un suivi thérapeutique pour prendre soin de leur santé mentale. L'une des raisons principales demeure la crainte d'être perçus comme des hommes ou des femmes de « peu de foi ».

À travers ce livre, nourri de mes expériences personnelles, professionnelles et spirituelles, j'espère contribuer à atténuer cette perception négative de la santé mentale dans les communautés religieuses. J'aimerais également encourager ceux qui souffrent de ce préjugé à consulter un professionnel sans craindre que cela n'affecte leur foi.

Dans cette optique, je propose une mise en dialogue entre la thérapie d'acceptation et d'engagement (ACT) et des passages directement tirés de la Bible. Développée par Steven C. Hayes, Ph. D., et validée par de nombreuses recherches scientifiques, cette approche repose sur six principes fondamentaux : le moment présent, l'acceptation, la défusion, le soi comme contexte, les valeurs et l'action engagée. Son objectif est de renforcer la flexibilité psychologique, afin de permettre aux individus de mieux affronter les situations difficiles et de mener une vie plus épanouissante, en cohérence avec leurs valeurs personnelles.

En conclusion, mon aspiration est de sensibiliser chacun, qu'il soit chrétien ou issu d'une autre confession, à considérer la santé mentale comme aussi essentielle que la santé physique, puisqu'elle joue un rôle central dans le bien-être global.

PRÉFACE

"*Une nouvelle perspective : Un concept thérapeutique dans une optique biblique* est un ouvrage qui m'a profondément marquée par son authenticité et sa pertinence. L'auteur réussit à tisser un pont rare entre la rigueur clinique de la thérapie d'acceptation et d'engagement (ACT) et la profondeur spirituelle de la foi chrétienne. Il montre avec justesse comment la thérapie et la foi peuvent marcher main dans la main pour soutenir la guérison. L'auteur parle vrai, en mêlant son vécu clinique, son parcours spirituel et des réflexions bibliques qui donnent du sens à la souffrance psychique. J'y vois un outil précieux pour les cliniciens, les pasteurs et les familles croyantes : un guide qui invite à l'acceptation, au courage et à l'action alignée sur nos valeurs. Un livre essentiel pour quiconque souhaite comprendre et accompagner la santé mentale dans une perspective véritablement holistique."

Johanne Mathieu, B.Sc. M.D.

« Étant moi-même issue d'une communauté où persistent de nombreux stéréotypes et fausses idées au sujet des troubles de santé mentale, je trouve ce livre d'une grande pertinence. Il illustre avec clarté ces conceptions erronées, tout en offrant une compréhension équilibrée qui allie perspective biblique et connaissances scientifiques. Cet ouvrage contribue à poursuivre un dialogue souvent tabou entre foi chrétienne et santé mentale et rappelle aux croyants que chercher de l'aide ne signifie pas manquer de foi. »

Wina Paul Darius, Doctorante en psychologie clinique, Université d'Ottawa.

TABLE DES MATIÈRES

LA SANTÉ MENTALE ET LE STIGMATE CULTUREL 1

    Un spectacle inattendu! 3

    Une conception erronée et profonde 5

    Une étiquette indésirable 6

LA SANTÉ MENTALE: UNE ACCEPTATION QUI PROGRESSE. 8

    Des événements transformateurs 11

    Comment définir la santé mentale? 14

    Quatre aspects de la santé mentale et leurs symptoms 15

    Examinons ensemble les symptômes des 4 aspects: 16

    Examinons ensemble les symptômes des 4 aspects dans une perspective biblique: 18

LA SOUFFRANCE MENTALE: EST-CE UN MANQUE DE FOI? 25

    «ON / OFF» 26

    Une souffrance mentale 28

    Fais agir ta foi 31

    Ma grâce te suffit 33

LE VOLEUR DU BONHEUR PRÉSENT 38

    Le "Party Pooper" 39

    C'est le temps de vider ton frigo! 40

Cinq façons de profiter du bonheur présent.. 42

Vivre l'instant présent dans une perspective biblique...............56

Ne vous inquiétez donc pas du lendemain 58

JE CHOISIS MES COMBATS...............67

Un face-à-face nécessaire 69

Trois étapes importantes dans l'acceptation. 75

Le concept d'acceptation dans une perspective biblique...............79

À QUOI PENSES-TU?...............85

Comment définir la pensée?...............88

Que faire pour combattre les mauvaises pensées?...............89

Le concept de fusion et défusion...............91

Les pensées ne sont que des mots...............94

Donner une voix à ta pensée...............96

Les pensées dans une perspective biblique ...99

Cultiver des pensées positives 103

Pourquoi suis-je dans ce monde?...............105

Comment te perçois-tu dans ta propre vision ? 107

Tu as du prix à mes yeux!...............109

LA PASSION QUI ANIME TA VIE...............112

Les valeurs, une source d'aspiration...............115

Stratégie pour trouver les valeurs 117

Les valeurs dans une perspective biblique . 123

La richesse comme valeur : un dilemme pour les chrétiens.. 125

CAMÉRA, LUMIÈRE, ACTION engagée............................ 129

J'ai une idée! 130

Un Défi Colossal 133

Un Carreau À La Fois... 138

Comment utiliser les valeurs pour planifier des ACTIONS ENGAGÉES 143

Les actions dans une perspective biblique.. 144

Les valeurs dans la formation du caractère 146

LA SANTÉ MENTALE ET LE STIGMATE CULTUREL

Lorsque j'étais un petit garçon âgé environ de 11-12 ans, il y avait un homme qui vivait dans mon quartier qui se nommait Cédé. C'était un homme pauvre et sans famille à ce que je sache. Il habitait une petite pièce qui était construite dans la cour de la famille d'un médecin qui résidait dans le même quartier. Cédé occupait un rôle connu sous le nom de « gérant de cours ». Ne vous laissez pas séduire par le titre de « gérant », ce n'est pas une position d'un statut social élevé avec un bon salaire comme nous connaissons en Amérique du Nord. Cet homme avait la charge de s'occuper de l'entretien et de la propreté de la cour de cette famille tandis qu'il pouvait s'y loger gratuitement. Dans certaines demeures, tu avais aussi droit à un plat de nourriture. Je ne crois pas que c'était le cas de notre ami.

Bien qu'il était fonctionnel, Cédé n'était visiblement pas comme tout le monde. Il n'était pas considéré comme étant « normal ». Il avait de grandes difficultés au niveau du langage. La plupart des mots qu'il prononçait étaient incompréhensibles. Il fallait être très attentif et patient pour arriver à décoder quelques paroles. D'ailleurs, il interagissait rarement avec les gens du quartier puisqu'on le considérait comme un « fou ». Et lorsqu'il se faisait taquiner, il lui arrivait même de lancer des pierres pour se défendre de ses agresseurs. Malheureusement, ce mécanisme de défense ne faisait qu'augmenter les arguments en faveur de l'étiquette qu'on lui avait donné « un fou ». Aujourd'hui, je comprends mieux cette réaction violente puisqu'il ne pouvait pas vocaliser sa frustration. À bien y penser maintenant, je crois que Cédé montrait des signes d'une personne qui aurait été placée sur le spectre de l'autisme s'il vivait aujourd'hui au Canada. Qui sait?

Bien qu'il fut connu comme le fou du quartier, il n'inspirait pas pour autant la peur. Mais pour un petit garçon comme moi qui croyait tout ce que disaient les grands, je n'osais pas m'y approcher de lui. Pourtant, Cédé s'occupait généralement de ses affaires et il avait tendance à s'éloigner lorsque les gens s'approchaient de l'endroit où il se trouvait. On peut dire que c'était un « bon fou ». Je dis ceci parce qu'il y avait d'autres personnes considérées comme « fou » et qui avaient un comportement agressif. Lorsque tu les vois arriver, tu ferais mieux de traverser l'autre côté de la rue de peur de te faire attaquer. De ce que je peux me rappeler, on les identifiait comme des gens qui ont des problèmes dans la tête. Depuis, j'ai grandi avec la pensée qu'une personne qui a un problème dans la tête c'est un « fou », mais pas n'importe lequel. Pas du genre de notre ami Cédé, mais de la catégorie de ce qu'on retrouvait dans les rues, mal vêtues et qu'on répugnait.

Je crois que beaucoup de ceux qui ont grandi dans les pays collectivistes ont aussi cette même vision lorsqu'on parle d'une personne qui vit avec à un problème de santé mentale puisqu'il s'agit d'un problème qui se passe principalement dans sa tête. Une telle personne est automatiquement considérée comme un « fou » qui risque de se trouver dans la rue soit mal vêtue soit à moitié nue. En fait, il m'est arrivé même un jour de voir une femme complètement nue qui se promenait dans les rues tandis que je me faisais conduire à l'école.

Un spectacle inattendu!

Je garde encore en mémoire la frustration de mon oncle envers cette pauvre femme. Ce qui semblait lui préoccuper dans cette situation inattendue de ce matin, c'était la possibilité d'être en retard due à l'embouteillage que cette scène engendrait. « Enlever cette folle du chemin », cria-t-il! Bien entendu, il n'était pas le seul à crier toutes sortes d'injures ce matin-là. Le jeune garçon que j'étais alors ne se trouvait pas perturbé par cette exposition de nudité inappropriée en plein jour. Tout comme aujourd'hui, j'étais plutôt curieux de savoir, qu'est-ce qui a bien pu arriver à cette femme pour qu'elle se retrouve au bord de la rue complètement nue à la vue de tous ?

La majorité de ceux qui s'y trouvaient la traitait comme une folle sans même tenter de comprendre sa situation. J'aurais imaginé que ne pas afficher un comportement agressif aurait provoqué davantage de sympathie chez les spectateurs, mais en fait, ce n'est pas du tout le cas. En repensant à la situation de cette femme, ainsi que celle de Cédé et de tant d'autres, je réalise que la façon dont ils étaient traités a vraiment influencé ma perception d'une personne ayant besoin d'un suivi en santé mentale.

De ce fait, en grandissant, j'ai nourri l'idée qu'une personne qui souffre d'un problème de santé mentale est une personne qui n'est pas agréable d'avoir comme compagnie. C'est quelqu'un qu'il faut se méfier parce qu'il peut à n'importe quel moment vous offusquer. Pire encore, elle peut commencer à vous lancer des pierres. Je ne crois pas me tromper lorsque j'avance que c'est une idéologie qui semble être partagée par la grande majorité de ceux qui ont grandi dans les pays non industrialisés.

Bien que grâce à mes études je sois parvenu à me défaire de cette idée erronée, tel n'est pas le cas pour plusieurs qui continuent de nourrir cette fausse conception de la santé mentale. Fort souvent, ils le considèrent comme étant synonyme de problème mental et même de folie. Cette croyance est tellement ancrée dans leurs pensées que peu importe leur niveau d'éducation, cela ne semble pas pour autant changer cette perception négative de la santé mentale. Ce qui par ricochet rend difficile, pour plusieurs personnes, d'accepter de faire un suivi avec un thérapeute en santé mentale que ça soit avec un psychologue ou un travailleur social.

Une conception erronée et profonde

Lors d'une discussion avec des étudiants dans l'un de mes cours au Collège. À mon grand étonnement..., en fait pas vraiment, j'ai dû reprendre un des élèves suite à un commentaire erroné à l'endroit d'une personne qui présente des symptômes dépressifs. Selon la remarque de ce dernier. Je cite: « c'est une personne qui n'est pas normale comme moi. » Lorsque je lui ai demandé d'élaborer, bien que timidement, il continue en pointant son index à la tête en disant « un fou! Une personne folle, monsieur. » Reconnaissant qu'il est nouvellement arrivé au Canada, je me suis dit tout comme moi, il a probablement grandi avec cette conception erronée de la santé mentale. Bien qu'il soit celui qui a osé le verbaliser, à en juger par la réaction de beaucoup d'autres étudiants de la classe, j'ai eu l'impression qu'il n'était pas le seul qui continuait de nourrir cette fausse idée sur la santé mentale. Évidemment, j'ai profité de cette occasion pour commencer son processus de démystification de la santé mentale. J'ai bien dit: « commencer » parce qu'avec les années j'ai réalisé que cette idée erronée est tellement profonde qu'elle ne peut pas se défaire seulement avec une simple explication de quelques minutes.

Une étiquette indésirable

Dans le contexte d'une intervention thérapeutique en milieu scolaire, lorsque l'élève à moins de 16 ans, il faut l'approbation d'un parent ou tuteur pour un suivi continu. Lors d'un incident, d'une inquiétude ou d'une crise, à la demande de la direction de l'école, je peux faire une première rencontre avec l'élève. Toutefois, si j'estime que cela requiert des suivis continus, une référence en travail social doit être dûment remplie et un formulaire de consentement doit être signé par le parent. À plusieurs occasions, j'ai eu des échanges en tête-à-tête avec des parents. Ce n'était pas seulement pour leur expliquer mon rôle de travailleur social et l'importance du consentement éclairé, mais surtout pour les aider à surmonter les croyances erronées sur la santé mentale qu'ils ont souvent intégrées depuis leur enfance.

En effet, de nombreux parents m'ont exprimé leur inquiétude quant à la possibilité que leur enfant soit étiqueté comme « fou » s'ils acceptaient des rencontres de suivi en travail social.

Selon mes conversations avec le personnel d'une direction scolaire, certains parents ont même menacé de changer leur enfant d'école après avoir reçu une recommandation pour un suivi en travail social.

Malheureusement, j'ai dû dans certains cas faire des suivis à l'insu des parents parce que le jeune est venu lui-même parce qu'il estimait qu'il avait besoin d'aide pour gérer son anxiété. Je garde en mémoire ce jeune qui, pendant les périodes de confinement, de dé-confinement et de reconfinement, éprouvait des symptômes dépressifs. Toutefois, ses parents refusaient qu'elle puisse faire des suivis en travail social. Nous avons été amenés à utiliser l'application « Google Chat » pour communiquer et lui fournir le soutien nécessaire. Il est recommandé d'obtenir le consentement des parents, mais dès que l'élève atteint 12 ans, sa demande doit être prise en compte, même si les parents ne sont pas d'accord. De plus, à partir de cet âge, un parent ne peut pas forcer son enfant à participer à des séances de thérapie si celui-ci ne le souhaite pas. En fait, la thérapie ne peut être bénéfique que si elle est acceptée par la personne concernée.

LA SANTÉ MENTALE: UNE ACCEPTATION QUI PROGRESSE.

Malgré le fait que nous vivons dans un pays industrialisé tel que le Canada, il y a encore beaucoup de personnes qui nourrissent des croyances erronées sur ce qu'est la santé mentale. Je prends en exemple le cas de mon épouse qui a reçu un diagnostic en 2016 avec le syndrome douloureux régional complexe (SDRC). En dépit du fait que ce ne soit pas fondamentalement un problème psychologique, les conséquences à ce niveau restent significatives. À l'époque, la douleur qui s'étendait de sa main droite jusqu'à son épaule était une source de problèmes pour sa performance au travail. Elle ressentait de grande douleur lorsqu'elle devait entrer des données à l'ordinateur, ce qui consistait en une grande partie de ses fonctions. Après une chirurgie non réussie, elle était devenue de plus en plus stressée et anxieuse en raison de sa condition.

En 2018, son médecin a émis une note médicale pour permettre à son employeur de mettre en place des aménagements

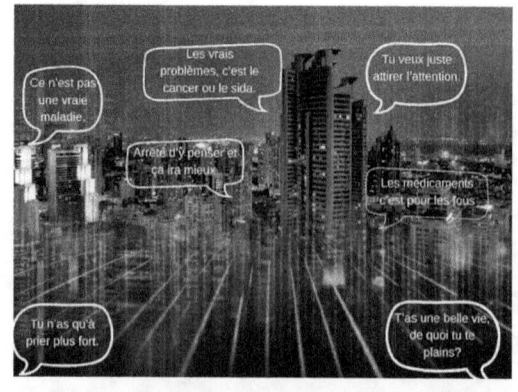

raisonnables et d'alléger sa charge de travail. Il a recommandé l'utilisation d'un logiciel de reconnaissance vocale pour la saisie des notes sur l'ordinateur. De plus, il a proposé la possibilité de réduire son horaire de travail au bureau à temps partiel, tout en ayant l'autorisation de travailler le reste du temps depuis son domicile. Cependant, elle fut profondément étonnée en présentant son avis médical à sa responsable immédiate. Au début, celle-ci lui dénia toute possibilité d'accommodation, prétextant que la société n'acceptait ni le travail à distance ni le travail à temps partiel, de peur d'établir un précédent. Elle lui confie ensuite qu'elle a du mal à accepter sa souffrance, car elle ne peut pas en observer les manifestations. Elle lui a dit, en résumé : si tu avais un bras cassé, cela serait plus facile à comprendre, mais puisque ta douleur est psychologique, je ne peux pas la percevoir, ce qui complique ma disposition à te croire.

Malheureusement, il a fallu des événements tels que la COVID pour nous amener à reconnaître que nous vivons tous avec les symptômes du stress, de la dépression et de l'anxiété, même si nous n'avons pas un diagnostic ou que cela ne soit pas toujours visible à l'œil nu. De nos jours, il est de plus en plus courant de discuter de la santé mentale dans le milieu professionnel sans être discriminé. Cependant, j'ai l'impression que cette discussion continue d'être très difficile dans les sphères chrétiennes. Il est vrai qu'il y a une plus grande ouverture à discuter en groupe ou à présenter des séminaires sur le stress et l'anxiété ou autres sujets en lien avec la santé mentale. Cependant, la consultation pour les besoins individuels ne semble pas être encore une option qui soit bien vue. Je me souviens qu'un jour, à la suite d'une présentation sur la santé mentale qui a eu lieu à l'église, une jeune fille a trouvé le courage de dire qu'elle faisait face à des problèmes de santé mentale. Par la réaction silencieuse de ceux qui participaient à la conversation, c'est comme si elle leur avait jeté une douche froide. À en juger par son non verbal, j'ai l'impression qu'elle s'attendait à ce que les gens démontrent un intérêt à connaître ses défis, toutefois, le silence s'est interrompu avec quelqu'un qui a changé le sujet de conversation.

La santé mentale a trop souvent été associée à des connotations négatives, contrairement à la santé physique, qui bénéficie d'une connotation positive. Par exemple, au début d'une nouvelle année, beaucoup de personnes prennent la résolution de mieux prendre soin de leur santé. Une telle initiative est souvent couverte de félicitations et de mots d'encouragement. Le pourquoi c'est parce qu'on suppose qu'une telle personne va se mettre à effectuer des exercices physiques, surveiller son régime alimentaire ou peut-être dormir plus tôt, etc. Toutefois, si elle précise qu'elle veut prendre soin de sa santé mentale, j'ai l'impression que c'est comme si soudainement un grand nuage venait de descendre sur la tête de cette personne. Contrairement à des félicitations, les réactions risquent de ressembler parfois à un silence prolongé comme si elle venait de prononcer sa sentence de mort. Après un moment de malaise, les personnes qui sont en train d'écouter semblent se restreindre à ces deux possibilités : de fuir ou de s'engager. S'ils choisissent de fuir alors, ils vont tenter de changer le sujet de conversation ou se rappeler soudainement qu'ils avaient quelque chose à faire. Ils vont alors s'excuser avec cette fameuse phrase passe-partout: « je vais prier pour toi ». Cependant, si la personne choisit de s'engager, ils ont tendance à aborder le sujet maladroitement en se prononçant ainsi : « Ah bon ! Qu'est-ce qui ne va pas ? » Peut-être, ils vont dire: « courage mon frère ou ma sœur » avant d'ajouter la fameuse phrase passe-partout: « je vais prier pour toi ».

Des événements transformateurs

Il y a des événements qui arrivent dans notre vie qui vont nous marquer jusqu'au plus profond de nous-mêmes. Parfois, pour le meilleur lorsqu'il s'agit d'un événement joyeux, tel qu'une naissance, une réussite, ou même un nouvel emploi. Toutefois, il y a de ces événements non normatifs qui vont nous affecter émotionnellement jusqu'à créer un déséquilibre au niveau de notre bien-être mental.

Connus sous le nom de 9-11, les attentats du 11 septembre 2001 qui ont eu lieu aux États-Unis furent un de ces événements. Bien qu'il se pourrait que tu sois trop jeune pour te rappeler ou que vous n'étiez pas encore né, moi, je me souviens exactement de l'endroit où je me trouvais ce jour-là. Malheureusement, il y en a plusieurs qui vivent encore avec les séquelles psychologiques tout comme physique de cet événement. D'ailleurs plusieurs des installations des points de sécurité qui font augmenter notre niveau de stress ont vu le jour après 9-11.

Tout récemment, nous avons connu un autre événement à l'échelle mondiale qui continue de faire ressentir lourdement ses impacts négatifs tant au niveau de notre santé physique que de notre santé mentale. Il s'agit de la COVID-19.

En la date du 12 mars 2020, le premier ministre de l'Ontario, Doug Ford, a annoncé que à la suite de la semaine de relâche toutes les écoles financées par le gouvernement seront fermées d'une durée de deux semaines additionnelles pour permettre d'avoir un meilleur contrôle sur les infections de COVID-19. Le vendredi 13 mars 2020, à la demande de ma gestionnaire, j'ai pris avec moi mon ordinateur portatif de travail ainsi que quelques livres de référence, je ne me doutais pas que cela allait être ma dernière journée en présentiel pour cette année scolaire. Bien que le virus faisait son chemin en Amérique du Nord, notamment aux États-Unis, je ne crois pas que la grande majorité de la population canadienne avait le soupçon que l'école ne serait plus comme auparavant. Je dis ceci en raison de la recommandation du premier ministre Doug Ford suite à sa déclaration du jeudi 12 mars 2020. Il avait encouragé les familles à voyager et à s'amuser pendant la semaine de relâche.

Toutefois, ces plans furent de courte durée parce que dès le samedi 14 mars 2020, plusieurs établissements incluant les églises dans la région d'Ottawa étaient fermés physiquement suite aux fortes recommandations faites par le gouvernement fédéral qui a demandé aux Canadiens qui se trouvaient à l'extérieur du pays de retourner à la maison. Tandis que plusieurs services publics incluant les restaurants, les églises et autres croyances avaient déjà été fermés; le 17 mars 2020, le premier ministre Doug Ford a <u>déclaré l'état d'urgence dans la province de l'Ontario</u>[1] Dès lors, nous avons connu confinement, déconfinement, reconfinement et de nouveau déconfinement. Durant cette période, nous avons vu le taux de décès atteindre les chiffres de plus d'un million à l'échelle mondiale. Nous avons connu non pas la ruée vers l'or, mais la ruée vers les papiers de toilette. Plusieurs ont souffert émotionnellement à cause du décès d'un membre de famille, d'un ami, d'un collègue. Le fait de ne pas pouvoir dire au revoir par une cérémonie traditionnelle et vivre pleinement leur deuil en raison des restrictions de distanciation, plusieurs ont souffert et continuent de souffrir. Ce fut une période de grand stress et de détresse tant chez les enfants que chez les adultes. La distanciation a séparé des familles pendant plus d'une année. C'était très compliqué, surtout pour les enfants, de ne pas pouvoir faire de câlins à leurs grands-parents, de peur de les infecter. Les restrictions n'ont pas seulement entravé nos routines, mais a eu comme effet d'augmenter

---

[1] K. Nielsen, A timeline of COVID 19 in Ontario, Global News, 24 avril 2020, consulté le [date d'accès], https://globalnews.ca/news/6859636/ontario-coronavirus-timeline/

le sentiment de plus isoler que jamais. Ce fut une période de stress pour tous, ce qui a affecté notre santé mentale.

Il a fallu attendre au 21 mars 2022 soit 2 ans après l'état d'urgence en Ontario, pour que l'obligation du port de masque soit retirée. Et la date du 27 avril 2022, pour que toutes les restrictions fussent enlevées, incluant la vaccination obligatoire. Cependant, les problèmes de santé mentale n'ont pas cessé d'augmenter. Selon Statistique Canada, au cours de la période allant de 2019 jusqu'à 2021, ils ont noté une augmentation des problèmes liés à la santé mentale chez les personnes qui occupaient un emploi. Toutefois, ils ont déduit que cette augmentation n'est pas le résultat d'une hausse dans l'embauche des personnes ayant des problèmes de santé mentale. Il s'agissait plutôt des répercussions qui sont reliées à la perte d'emploi de plusieurs durant la pandémie.

Comment définir la santé mentale?

Tout d'abord, une bonne santé mentale n'est pas l'absence de ses symptômes psychologiques. Étant des êtres émotionnels, dès la naissance nous ressentons tous de la joie tout comme de la tristesse. Peu importe nos cultures ou nos croyances, nous connaissons à tout âge des situations stressantes dans notre vie. Certains événements comme le deuil ou même un divorce peuvent nous amener à nous sentir déprimés. Toutefois, cela ne veut pas dire que nous ayons un problème de santé mentale, si les symptômes ne s'intensifient pas et sont de courte durée. Selon l'OMS, la santé mentale est un « état de bien-être qui permet à chacun de réaliser son potentiel, de faire face aux difficultés normales de la vie, de travailler avec succès et de manière productive, et d'être en mesure d'apporter une contribution à la communauté.

Quatre aspects de la santé mentale et leurs symptoms

Qui d'entre vous, si votre enfant est malade, n'ira pas voir un médecin. J'ai la certitude qu'il en est de même pour votre propre bien-être physique, et cela, même si vous êtes un guerrier de la prière et que vous priez 3 fois ou plus par jour. Si vous avez un problème de vue, vous irez voir un ophtalmologue, pas un podiatre. Si vous avez un problème de dents, vous irez voir un dentiste, pas un physiothérapeute. Si vous ne voyez pas d'inconvénient de consulter un médecin spécialisé lorsque vous avez mal physiquement, alors pourquoi est-ce différent lorsque vous souffrez mentalement ? D'ailleurs, les maux physiques ne sont pas indépendants de votre bien-être mental. Selon un écrivain chrétien, Ellen G. White: « ***Dans les soins donnés aux malades, l'effet des influences mentales ne doit donc pas être négligé, car elles sont un des moyens les plus efficaces pour combattre le mal*** [2]

---

[2] Ellen G. White, Le Ministère de la Guérison, Mountain View, CA: Pacific Press Publishing Association, 1905, chap. 43, https://m.egwwritings.org/fr/book/195.1173#1173.

Peu importe nos croyances ou notre culture, nous pouvons tous être touchés par un problème de santé mentale. Certaines personnes vont naître avec un trouble de santé mentale tandis que d'autres vont développer un trouble en raison d'un événement désagréable qui survient dans leur vie. Une bonne manière d'évaluer notre bien-être mental, c'est par la manifestation de ces symptômes. Ils sont présents dans divers aspects de notre vie quotidienne tels qu'au niveau de notre pensée, notre corps, nos émotions ainsi que nos interactions avec les autres. Il s'agit des signes de déséquilibre par rapport aux normes d'une santé mentale optimale. Toutefois, il est très important de noter que la présence seule de ces symptômes dans notre vie ne peut pas nécessairement être considérée comme des troubles de santé mentale. Nous devons rechercher de l'aide lorsque les effets des symptômes s'intensifient et perdurent sur de longues périodes.

Examinons ensemble les symptômes des 4 aspects:

Au niveau de la pensée:

- Les symptômes peuvent se manifester par des problèmes importants de concentration, de capacité à raisonner normalement et de troubles de la mémoire.
- Il est probable que cela se manifeste également par des pensées suicidaires ou par des discours qui font référence au suicide.

Au niveau des émotions:

- Une personne peut ressentir des craintes ou des peurs qui s'accentuent au point qu'elle soit empêchée d'effectuer ses activités habituelles.
- Elle est susceptible de ressentir une grande tristesse ou de pleurer plus fréquemment.
- Une personne peut facilement s'irriter au point de devenir violente.

Au niveau du corps:

- Une personne qui éprouve des douleurs à la tête, une fatigue intense, des problèmes de sommeil, une perte d'appétit ou une faim excessive.
- Une personne qui semble manquer d'énergie ou, à l'inverse, est extrêmement agitée ou a une énergie débordante soudaine.
- Une personne qui se soucie excessivement de son poids corporel ou, au contraire, ne prend pas soin de son apparence physique.

Au niveau des comportements:

- Une personne qui démontre une humeur changeante, de l'agressivité, des difficultés à trouver de l'intérêt dans les activités, à exécuter des tâches quotidiennes ou même a tendance à abuser de certaines substances.
- Une personne qui semble éviter volontairement de voir sa famille ainsi que ses amies.

- Une personne qui nourrit des craintes ou de la méfiance excessive envers les autres.
- Une personne qui démontre un comportement violent, qui cherche à intimider les autres ou essaie de se blesser volontairement.

Examinons ensemble les symptômes des 4 aspects dans une perspective biblique:

En tant que chrétien, la meilleure façon de me convaincre d'une vérité est de me montrer des versets dans la Bible qui soutiennent ton point de vue. Il faut dire qu'en ce qui concerne la santé mentale, nous ne trouverons aucun verset qui parle directement de celle-ci. Toutefois, cela ne veut pas dire que la bible n'en parle pas du tout. Avant d'aller plus loin, prenons par exemple le mot «Trinité ». Nous n'allons pas trouver ce mot sans aucun verset de la Bible. Néanmoins, en tant que chrétiens, nous avons la certitude de l'existence de la Trinité dans la bible et elle est formée, du Père, du Fils et du Saint-Esprit qui sont unis. Il en est de même pour la santé mentale, bien que le mot n'y soit pas inscrit dans les saintes Écritures, les symptômes qui peuvent créer un déséquilibre mental sont bien présents. « _La santé est un bienfait que peu de personnes en estime à sa juste valeur; c'est d'elle que dépend, en grande partie, le plein rendement de nos forces physiques et mentales. Nos impulsions et nos passions ont leur siège dans le corps; celui-ci devrait donc être conservé dans les meilleures conditions physiques et placé sous les meilleures influences spirituelles, pour que nous puissions faire le meilleur usage_ *de nos talents. Tout ce qui amoindrit nos forces physiques affaiblit du même coup notre intelligence, qui devient moins capable de discerner entre le bien et le mal* [3]*».*

(COBUILD, 2024)

Au niveau de la pensée :

EXEMPLE 1:

Verset biblique: « Il alla dans le désert où, après une journée de marche, il s'assit sous un genêt, et **demanda la mort.**» (1 Rois 19.4).

Situation: Il ne fait aucun doute que le prophète Élie a été un instrument entre les mains de l'Éternel. Ce dernier a démontré la puissance de Dieu sur le mont Carmel devant tout le peuple. L'Éternel a fait venir la pluie après plus de trois années de sécheresse à la demande d'Élie. Pourtant, ce dernier a pris la fuite suite à la menace de mort de Jézabel.

Symptômes manifestés au niveau de la pensée:

- Demanda la mort (idéation suicidaire)

---

[3] Ellen G. White, *Pour un bon Équilibre Mental et Spirituel*, vol. 2, chap. 47, Dammarie-lès-Lys, France : Éditions Vie et Santé, [s.d.], https://m.egwwritings.org/fr/book/518.430#431.

EXEMPLE 2:

Verset biblique: Daniel 5:6 « Alors le roi changea de couleur, et **ses pensées le troublèrent**; les jointures de ses reins se relâchèrent, et ses genoux se heurtèrent l'un contre l'autre »

Situation: Le roi Belschatsar, successeur de son père Nebucadnetsar, organisa un somptueux festin à Babylone. Pour l'occasion, il fit venir les vases d'or et d'argent du temple de la maison de Dieu à Jérusalem. Il s'en servait pour boire du vin avec ses invités. C'est alors que, de manière tout à fait surprenante, les doigts d'une main d'homme apparurent et se mirent à écrire sur la muraille du palais. Le roi, ébahi, assista, impuissant, à ce spectacle inouï.

Symptômes manifestés au niveau de la pensée:

- « Ses pensées le troublèrent » (difficulté à raisonner normalement)

Au niveau des émotions:

EXEMPLE 1:

Verset biblique: Genèse 4.5 « Mais il ne porta pas un regard favorable sur Caïn et sur son offrande. Caïn fut **très irrité**, et son visage fut abattu »

Situation: Caïn et son petit frère Abel ont tous les deux offert une offrande à l'Éternel. Un regard favorable a été porté sur Abel et son offrande, tandis que Caïn n'a pas obtenu de regard favorable de la part de Dieu.

Symptômes manifestés au niveau des émotions :

- Caïn fut **très irrité** (la colère)

EXEMPLE 2:

Verset biblique: Genèse 27.33 «Isaac fut saisi d'une grande, d'une **violente émotion**, et il dit: qui est donc celui qui a chassé du gibier, et me l'a apporté? »

Situation: couché sur son lit de mort et atteint de cécité, Isaac a prononcé sa bénédiction sur son fils aîné, Ésaü. Du moins, c'est ce qu'il croyait. Lorsque Ésaü, le revenu de la chasse lui a apporté un gibier apprêté comme il avait demandé, c'est alors qu'il a réalisé qu'il s'était fait duper. Non pas par n'importe qui, mais par son propre fils, Jacob.

Symptômes manifestés au niveau des émotions:

- Une **violente émotion** (la colère)

<u>**Au niveau du corps**</u>:

EXEMPLE 1:

Verset biblique: 1 Samuel 1.7 « Chaque fois qu'Anne montait à la maison de l'Éternel, Peninna la mortifiait de la même manière. Alors elle **pleurait** et **ne mangeait point** ».

Situation: Anne, l'une des deux épouses d'Elkana, était stérile tandis que Peninna avait des fils et des filles. Son mari faisait le voyage avec tout le monde chaque année pour aller offrir des sacrifices à l'Éternel. Malheureusement, ce fut une expérience très pénible pour Anne à cause des railleries de Peninna.

Symptômes manifestés au niveau du corps:

- Elle ne mangeait point (perte d'appétit)

EXEMPLE 2:

Verset biblique: Daniel 2:1 « La seconde année du règne de Nebucadnetsar, Nebucadnetsar eut des songes. Il avait l'esprit agité, et **ne pouvait dormir** ».

Situation: Le peuple juif vivait en captivité à Babylone. C'est alors que des songes divins furent donnés au puissant roi Nebucadnetsar. Ces rêves le troublaient profondément, au point qu'il ne pouvait plus trouver le sommeil. La situation était des plus complexes : il ne parvenait pas à se remémorer ses songes et ne pouvait les comprendre.

Symptômes manifestés au niveau du corps :

- Ne pouvait dormir (trouble du sommeil)

Au niveau des comportements:

EXEMPLE 1

Verset biblique: Jonas 4.5 « Jonas **sortit de la ville** et s'assit à l'est de la ville. Là il se fit une cabane et s'y tint à l'ombre en attendant de voir ce qui arriverait dans la ville.»

Situation: Après 3 jours dans le ventre d'un poisson, Jonas est allé prêcher à Ninive contre son gré. Au lieu de célébrer leur repentance, il choisit plutôt de s'isoler en s'éloignant de la ville. Il nourrissait même des idées suicidaires en demandant la mort à Dieu.

Symptômes manifestés au niveau du comportement:

- Sorti de la ville (évitement volontaire)

EXEMPLE 2:

Verset biblique: 1 Samuel 25:3 « Le nom de cet homme était Nabal, et sa femme s'appelait Abigaïl; c'était une femme de bon sens et belle de figure, mais l'homme était **dur et méchant dans ses actions.** Il descendait de Caleb ».

Situation: Nabal, qui signifie « folie » a démontré un manque de bon jugement par ses actions dures et méchantes à l'endroit de David et ses hommes qui avait protégé ses bergers.

Symptômes manifestés au niveau du comportement :

- Dur et méchant dans ses actions

À retenir

Il existe une relation très intime entre l'esprit et le corps. Quand l'un est affecté, l'autre en subit les conséquences. La santé est fortement influencée par l'état d'esprit, ce qui est largement sous-estimé. La dépression peut être à l'origine de nombreuses maladies. Les émotions telles que le chagrin, l'anxiété, le mécontentement, le remords et la méfiance ont un effet négatif sur les forces vives et peuvent conduire à l'affaiblissement et à la mort. [4] (Ellen G. White) Comme il est dit dans Matthieu 9:12, Jésus n'était pas venu sur cette terre pour répondre aux besoins de ceux qui jouissent d'une bonne santé qu'elle soit physique ou mentale, mais plutôt pour ceux qui ne sont pas bien portants. S'il n'a jamais condamné le fait de consulter un médecin ou de recourir à des remèdes terrestres, alors pourquoi le fais-tu?

---

[4] Ellen G. White, *Le Ministère de la Guérison*, chap. 43, Mountain View, CA : Pacific Press Publishing Association, 1905, https://m.egwwritings.org/fr/book/195.1173#1173.

LA SOUFFRANCE MENTALE: EST-CE UN MANQUE DE FOI?

Je me souviens qu'un jour, tandis que j'étais à l'église, une mère m'a approché pour me demander de prier pour sa fille qui soudainement avait mal à la tête au point qu'elle devait être allongée. En tant que diacre consacré revêtu de mon beau costume de service, je ne pouvais pas refuser sa demande. Cependant, au-dedans de moi, je me sentais impuissant face à sa requête. Je me demandais comment ma prière allait guérir l'enfant de cette dame. Surtout le fait qu'elle semblait attendre une guérison instantanée.

En me dirigeant vers l'endroit où se trouvait sa fille, je me suis assuré de bien prendre mon temps tout en jetant un regard autour de moi. Ironiquement, je priais pour que je puisse croiser sur mon passage, une des personnes reconnues pour leurs prières ferventes, à ce moment-là, je n'ai même pas vu l'ombre d'un chat. En fait, ce n'est pas que je ne croyais pas à la puissance de la prière. Il ne s'agissait pas non plus que je n'eusse pas l'habitude de prier. Durant plusieurs occasions, j'avais participé à des séances de prières pour des personnes qui étaient malades. Certains avaient retrouvé la guérison, d'autres non. Ce qui est normal! J'ai même eu comme expérience de participer à des séances de prière pour chasser les mauvais esprits et je dois dire que j'ai ressenti et vu la puissance qui se trouvait dans la prière.

En revanche, je n'avais encore jamais fait l'expérience d'une guérison immédiate. Ce que cette mère semblait réclamer. J'aurais aimé avoir la foi de Pierre et dire: « *Je n'ai ni argent ni or; mais ce que j'ai, je te le donne: au nom de Jésus-Christ de Nazareth, lève-toi et marche*[5] ». Mais, le fait de croire à la prière ainsi que mes expériences passées ne semblait pas assez à ce moment-là pour me convaincre que j'avais assez de foi pour que son enfant puisse retrouver une guérison immédiatement dès que j'aurais fini de prononcer une prière à son égard.

«ON / OFF»

Je ne prétends pas avoir déjà eu la foi aussi grosse qu'une graine de moutarde de manière à faire bouger les montagnes, mais je suis sûr que j'en ai déjà eu assez lorsque je faisais face à certaines situations difficiles pour lesquelles j'ai reçu la délivrance. Toutefois, à ces moments précis, je me demandais où se trouvait cette foi que j'avais déjà eue. Pourquoi dans cette situation, n'arrivais-je pas à ressentir cette ferme assurance ? En me basant en partie sur cette expérience, je me permets de dire que notre foi peut être par moment chancelante. Elle n'est pas stable. Fort souvent, elle semble être entremêlée avec nos émotions et sentiments. Aussi, le fait de croire ne veut pas dire qu'on a pour autant la foi.

La foi ne fonctionne pas sans qu'on ait cru d'abord. J'ai tendance à comparer le fait de croire à un

---

[5] Acte 3.6.

interrupteur. Il est soit « ON » soit « OFF ». Soit que tu crois que Dieu existe ou qu'il n'existe pas. Soit que tu crois que Jésus est le chemin et la vérité, soit que tu ne le crois pas. Il n'y a pas de « in between[6] ». « *Tu crois qu'il y a un seul Dieu, tu fais bien; les démons le croient aussi, et ils tremblent* ». Cependant, le fait de croire ne veut pas dire que nous avons automatiquement la foi. Cette dernière implique un élément d'ordre relationnel qui est bâti sur une confiance qui va au-delà de nos capacités sensorielles. Qu'il s'agit de ce qu'on peut voir, entendre ou sentir ! Elle va aussi au-delà de nos émotions et de nos sentiments ressentis à ce moment-là. Cependant, notre foi a tendance à osciller, tantôt vers le bas, tantôt vers le haut. Le secret d'une foi qui oscille vers le haut, c'est de toujours l'alimenter avec la puissance qui ne peut venir que d'en haut. Pour cela, il faut utiliser chaque jour les moyens que nous avons à notre disposition. Par exemple, entretenir une communication quotidienne par la prière, faire la lecture de la parole de Dieu. Par-dessus tout, il est très important de montrer quotidiennement l'action concrète de sa transformation dans notre vie. « *Or sans la foi il est impossible de lui être agréable; car il faut que celui qui s'approche de Dieu croie que Dieu existe, et qu'il est le rémunérateur de ceux qui le cherchent*[7] »

---

[6] Jacques 2.19

[7] Hébreux 11.6.

Une souffrance mentale

Revenons à mon histoire. Lorsque je suis arrivé dans la pièce où se trouvait la fille, j'ai vu une lueur de soulagement dans les yeux de cette mère qui se souciait visiblement du bien-être physique de son enfant. Et j'ai commencé à croire que ma prière pourrait peut-être avoir un effet positif sur elle. Cela fut de courte durée lorsque j'ai entendu la mère dire à sa fille, voici le frère Ralph. Il va poser sa main sur ta tête pour prier pour que tu sois guérie. Alors, vous pouvez imaginer que soudainement, ma pression à augmenter en flèche. De nouveau, j'ai prié dans mon cœur pour que je puisse avoir la foi de cette mère parce que j'en avais grandement besoin à ce moment-là. Réfléchissant rapidement, j'ai eu une superbe idée. Je me suis dit que j'allais mettre ma main sur la tête de la jeune fille, mais au lieu de prier moi-même, j'allais demander à cette mère de prononcer la prière. Ainsi, elle pourra faire agir sa foi pour que sa fille puisse recevoir la guérison. Cela me paraissait être une solution gagnante. Mais un coup d'œil rapide dans les yeux de la mère m'a convaincu que ce n'était pas là une solution plausible. Dans cette situation, il n'y avait pas que l'enfant qui souffrait. La mère souffrait autant avec sa fille. Mais sa souffrance était davantage mentale que physique. En tant que parent, je pouvais comprendre son angoisse. Parfois, il nous arrive de vivre des situations qui sont tellement difficiles et douloureuses que nous avons besoin de la prière de quelqu'un d'autre pour nous fortifier. « *Priez les uns pour les autres, afin que vous soyez guéris.* ⁸» Lorsque mentalement nous sommes abattus, nous risquons de l'être aussi physiquement. Et si nous ne faisons pas attention et que cela persiste, nous pouvons l'être aussi spirituellement.

Je dois dire que par mes propres expériences ainsi que par mes observations, il n'y a rien de plus dur pour un parent de se sentir impuissant face à la souffrance de son enfant. Elle est très intense et, si elle persiste, cette souffrance mentale pourrait gravement affecter notre santé physique. Je crois qu'un grand nombre de parents auraient choisi sans hésitation de porter la souffrance physique de leur enfant plutôt que de rester inaptes à les regarder souffrir pendant de longues heures voire même des jours et des semaines.

En quelque sorte à la manière de Jésus: « *Cependant, ce sont nos souffrances qu'il a portées, c'est de nos douleurs qu'il s'est chargé; et nous l'avons considéré comme puni, frappé de Dieu, et humilié. Mais il était blessé pour nos péchés, brisé pour nos iniquités; le châtiment qui*

---

⁸ Jacques 2.16

nous donne la paix est tombé sur lui, et c'est par ses meurtrissures que nous sommes guéris. [9]»

En effet, cette mère semblait souffrir autant que sa fille. À ce moment, la fin de cette souffrance mentale se trouvait dans l'achèvement de la souffrance physique de son enfant. Elle n'est pas la première et ne sera pas non plus la dernière à vivre une telle souffrance mentale. Je me souviens de l'histoire de cette mère cananéenne[10] qui n'a pas hésité à se dépouiller de toute estime de soi pour rechercher une solution à la souffrance de sa fille. Elle a persisté en dépit des commentaires négatifs des disciples. Même lorsque Jésus lui-même semblait rejeter sa demande, elle continua dans sa requête en se prosternant devant lui. Les paroles qu'elle prononça furent « **Seigneur, secours-moi!** [11]» Elle demandait d'être secourue par un miracle de la part de Jésus tandis que c'était sa fille qui souffrait. En fin de compte elle a eu gain de cause parce qu'à la fin Jésus lui dit: « *Femme, ta foi est grande; qu'il te soit fait comme tu veux. Et, à l'heure même, sa fille fut guérie.* [12]» En quelque sorte, cette mère, qui m'a demandé de prier pour la guérison de sa fille, semblait s'attendre à ce type d'intervention miraculeuse.

---

[9] Ésaïe 53.4,5

[10] Matthieu 15.21-28

[11] Matthieu 15.25

[12] Matthieu 15.28

Fais agir ta foi

Il m'était déjà arrivé plusieurs fois d'aller rendre visite à une personne qui était malade. Lors de ces visites, soit à domicile soit à l'hôpital, il est de coutume qu'on prononce une prière en faveur de la personne malade. Lorsque c'était le temps de faire la prière d'intercession en faveur de la personne souffrante, j'entends la personne qui allait prier de dire à cette dernière ou aux membres de la famille, une phrase semblable: « *Il faut faire agir ta foi, si tu veux être guéri!* [13] ». Une phrase que j'ai moi-même déjà reprise plus d'une fois.

Toutefois, l'expérience avec cette mère et sa fille m'a porté à réfléchir sur la justification de cette demande. Si ma prière ne guérit pas sa fille, est-ce dû à un manque de foi? Si tel est le cas, est-ce que le manque de foi vient de la personne qui demande une guérison ou de celle qui intercède?

Je me souviens encore du regard de cette mère et je suis convaincu qu'elle avait la ferme assurance que sa fille allait être guérie immédiatement. Pourtant, moi, je tremblais au-dedans de moi parce que je ne me sentais pas à la hauteur d'une telle demande. Alors, voilà pourquoi je n'osais pas non plus lui dire, faire agir sa foi, parce que cela aurait été injuste à son égard et malhonnête de ma part. À ce moment-là, nul doute, j'étais celui qui avait une foi vacillante. « *Si vous aviez de la foi*

---

[13] Luc 17.6

comme un grain de sénevé, vous diriez à ce sycomore: déracine-toi, et plante-toi dans la mer; et il vous obéirait[14] ».

Bien que je crusse sincèrement que Dieu pouvait guérir cette fille, je n'avais pas cette ferme assurance qu'il allait le faire dans l'immédiat. Je crois que toutes les fois que nous prononçons une prière, soit pour notre propre guérison soit pour la guérison d'une autre personne, aussi vacillante que notre foi puisse être, nous le faisons avec l'assurance que Dieu peut opérer un miracle.

Nos expériences nous ont montré que Dieu ne répond pas toujours à toutes nos demandes de la manière que nous souhaiterions. La prière occupe indéniablement une place centrale dans notre foi. Pourtant, tout comme nous ne nous contentons pas de prier lorsqu'une personne est atteinte d'un cancer ou se casse un bras, nous consultons aussi un médecin, il en va de même pour la santé mentale. Dieu, dans sa sagesse, nous a donné des professionnels et des moyens pour prendre soin de nous. Recourir à ces aides n'est donc pas un signe de manque de foi, mais une façon de collaborer avec les ressources qu'Il met à notre disposition. Alors, lorsqu'une guérison ne se manifeste pas, cela signifie-t-il forcément un manque de foi ?

---

[14] ACT 28. 8-10

Ma grâce te suffit

Vous avez sans doute déjà entendu parler de l'apôtre Paul. Il a été un grand persécuteur des disciples de Jésus avant d'en venir un lui-même à la suite d'une rencontre miraculeuse avec le Christ sur le chemin de Damas. Dès lors, il était devenu un fervent disciple de Jésus-Christ qui a prêché, non pas seulement aux Juifs, mais aux gentils (non-juifs). Paul est aussi l'auteur de plusieurs livres du Nouveau Testament. Il a été le bénéficiaire de plusieurs miracles tout comme il a été l'intercesseur pour de nombreuses personnes. Quand le navire qui le transportait a fait naufrage sur l'île de Malte, on lui a emmené plusieurs malades pour lesquels il a prié et ont été guéris miraculeusement. En me basant sur ces faits, je peux dire que Paul a fait sa preuve dans le domaine de la foi et la guérison. Alors, comment expliquer son incapacité à recevoir une réponse positive à une situation qui le faisait souffrir. « *Il m'a été mis une écharde dans la chair, un ange de Satan pour me souffleter et m'empêcher de m'enorgueillir. Trois fois j'ai prié le Seigneur de l'éloigner de moi, et il m'a dit: ma grâce te suffit*[15] ».

Cette histoire tirée de la vie de l'apôtre Paul nous raconte comment il n'a pas trouvé de solution à son problème en dépit de ses nombreuses prières. Nous avons nul doute que l'apôtre Paul avait la foi qui était issue d'une relation personnelle et quotidienne avec

---

[15] 2 Corinthien 12.7-9

Dieu. Il savait comment faire monter des prières ferventes. Toutefois, il n'a pas été guéri de cette écharde qui se trouvait dans sa chair. Cela me porte à dire qu'il ne s'agit pas toujours d'un manque de foi lorsque nos prières ne sont pas exaucées. Bien qu'elle soit essentielle, en fin de compte. Dieu guérit qui il veut, quand il veut, de la façon dont il le désire et selon son plan. Alors, si vous priez pour une situation et que vous n'êtes pas en mesure de voir la solution, il faudrait peut-être prendre le temps et demander à Dieu, si cela est en harmonie avec sa volonté. Dieu n'a pas donné la guérison à Paul parce qu'il ne voulait pas qu'il s'enorgueillisse. Quelle pourrait être la raison dans ton cas? nous obtenons une guérison à la suite de nos intercessions, cela est très précieux. Cependant, elle prend davantage d'importance lorsque cela permet de continuer d'alimenter à faire croître notre foi en Dieu.

De retour à l'histoire de cette mère qui était tellement préoccupée par la souffrance physique de sa fille qu'elle en souffrait mentalement. Nul doute qu'elle avait prié pour que Dieu intervienne pour sa fille. Mais son besoin de support émotionnel et mental l'a fait venir vers moi pour que je puisse l'aider dans sa quête de guérison par l'intermédiaire de la prière. Ce jour-là, elle n'avait pas de médicament pour administrer à sa fille, mais croyait dans le pouvoir de la prière. D'un naturel, elle s'est tournée vers Celui qui peut guérir le corps et l'esprit par la parole. Reconnaissant alors mon impuissance face à cette attente, j'ai alors fait cette prière pour moi-même: « *Seigneur, je reconnais ma faiblesse et mon manque de foi, cependant je te prie d'accorder la guérison à cette fille non pas selon ma volonté, mais par ta grâce.* »

Quelques secondes après que j'ai fini de prier, la fille s'est relevée de sa position couchée pour s'asseoir. Elle a ensuite demandé un peu d'eau à boire. Elle semblait avoir encore un peu de malaise, mais elle ne semblait plus ressentir la forte douleur qu'elle avait au début. Je dois admettre que moi aussi j'étais encore sceptique du fait que son soulagement n'était pas survenu de manière spectaculaire. Elle ne s'était pas mise debout immédiatement et crié « je suis guéri! Je suis guéri! » Si tel avait été le cas, l'attention serait tournée vers moi qui ai prononcé une prière et non vers Dieu qui a opéré le miracle. La bible contient de nombreuses histoires de guérisons miraculeuses faites par Jésus lorsqu'il était sur la terre. Ce n'est pas toutes les fois qu'il a dit: « *lève-toi, prends ton lit, et marche*[16] ». Pour la guérison d'un aveugle-né, il avait fait de la boue avec sa salive et l'envoya se laver avant que cet homme puisse voir[17]. D'ailleurs, ce n'est pas toujours du premier coup qu'il guérit. Tel fut le cas de l'aveugle de Bethsaïda qui avait recouvré la vue en deux étapes[18]. Peu importe la signification de ces interventions, ce qu'il faut retenir

---

[16] Jean 5: 8

[17] Jean 9: 6,7

[18] Marc 8: 23-25

c'est que tout ce que le Seigneur fait pour nous, ou de la manière qu'il s'y prend, il le fait pour notre bien-être.

Tandis que le mal de tête de la jeune fille se dissipait, je pouvais voir un sentiment de soulagement sur le visage de la mère. Sa souffrance mentale semblait prendre fin en même temps que la souffrance physique de sa fille. Après qu'elle ait remercié Dieu, elle m'a aussi remercié. De plus, elle a demandé à sa fille d'en faire autant. Je ne pouvais pas m'enorgueillir en acceptant ses remerciements puisque je n'avais rien accompli d'exceptionnel. Il est vrai que mère et fille semblaient mieux se porter, mais je reconnaissais que c'est Dieu qui a la capacité de guérir et qui nous a fait grâce. Je n'ai aucun doute que la mère le savait aussi, mais je crois que ses remerciements étaient un geste de gratitude pour avoir été à ses côtés durant ce moment difficile.

En dépit de ma foi chancelante, Dieu n'a pas seulement fait grâce à cette mère et sa fille, mais aussi à moi. À travers cette expérience, Il m'a accordé un témoignage qui démontre la grandeur de son amour. « *Si nous confessons nos péchés, il est fidèle et juste pour nous les pardonner, et pour nous purifier de toute iniquité.* [19] » J'ai reconnu ma faiblesse face à cette situation et j'ai fait appel à lui. Je sais que Dieu n'a pas réagi à cause de ma foi puissante. Tel que je vous l'ai dit plus tôt, elle était chancelante. Je ne crois pas non plus que c'est à cause de la foi puissante de la mère ou même de sa fille. Je crois

---

[19] 1 Jean 1.9

que Dieu avait agi tout simplement par amour pour nous. Il peut en faire autant pour vous. Cependant, il faut d'abord y croire. Ensuite, accepter qu'il accomplisse en vous le miracle de la transformation. C'est un processus qui se fait au quotidien dans une relation personnelle avec lui. Si vous entendez son appel, n'hésitez pas!

LE VOLEUR DU BONHEUR PRÉSENT

Quel est donc ce sentiment qui te traverse l'esprit au point que tu as de la difficulté à te concentrer, manger voire dormir? Que tu sois jeune ou adulte, je suis certain que tu as déjà ressenti cette sensation qui te laisse impatient dans l'attente d'une réalisation quelconque. Peut-être en ce moment même, tu t'inquiètes pour ton avenir. Tu observes les différentes options de carrière sans pour autant être certain de celle qui te conviendra le mieux. Peut-être, ton questionnement se fait plutôt au niveau de tes relations, que ce soit familial ou sentimental. Ou encore, tu es ce parent qui, en plus de ressentir des sentiments concernant l'accomplissement de ses objectifs personnels, s'inquiète également de l'avenir et du bonheur de son enfant. Peu importe, qui tu es ou de ta situation actuelle, je veux que tu saches que tu n'es pas seul à ressentir ce sentiment d'inquiétude qui est tout à fait normal. De plus, ce qui est important de savoir, c'est qu'il existe des solutions pour t'aider à réduire les inquiétudes et les pensées négatives qui volent ton bonheur présent.

Le "Party Pooper"

Si tu n'as jamais entendu cette expression, je tiens à m'excuser si tu en as fait une traduction littérale de l'anglais au français. Permets-moi plutôt de partager avec toi la définition trouvée dans le dictionnaire Collins[20].

Lorsqu'on parle d'un « party pooper », on fait généralement référence à une personne qui gâche le plaisir des autres. Il ne s'agit pas seulement d'une personne qui naturellement semble ne pas avoir un penchant pour les activités plaisantes. Il se pourrait que ce soit de manière non intentionnelle. Tu as sans doute occasionnellement considéré tes parents comme des « party pooper » lorsqu'ils ont mis fin subitement à une de tes activités plaisantes. Il se pourrait que cela ait été le cas avec un collègue de travail lors d'une activité sociale. Pour être franc, il se pourrait que tu aies été toi-même le « party pooper ».

Il en est de même de l'inquiétude lorsque nous la laissons envahir notre esprit. Elle devient le « party pooper » qui nous ravit de notre bonheur présent. As-tu

---

[20] Collins COBUILD Advanced Learner's Dictionary. Copyright © HarperCollins Publishers. Consulté le 8 juin 2024.

déjà été dans une fête et remarqué qu'il y avait quelqu'un qui ne semblait pas profiter pleinement de l'ambiance comme tout le monde? Je ne fais pas référence à un « Party Pooper », mais à une personne qui semble être submergée par ses pensées au point de ne pas remarquer les occasions de joie qui sont autour d'elle. Tu as certainement déjà croisé une telle personne au parc, dans un magasin, au travail ou même dans une église. En y réfléchissant un peu plus, peut-être que tu viens de te rendre compte que tu as été plus d'une fois cette personne qui s'est laissée submerger par ses inquiétudes. Si tel est le cas, c'est le temps de faire le vide.

C'est le temps de vider ton frigo!

Dans le chapitre traitant sur la pensée, je t'avais raconté l'histoire de ce jeune qui était isolé et semblait être visiblement troublé. Bien qu'il ait voulu me faire croire qu'il ne pensait à rien, je vous ai déjà démontré comment il était impossible de ne penser à rien. Toutefois, dans ce chapitre, je vais t'encourager à faire le vide dans ton esprit. Eh oui! J'ai bien dit « faire le vide ». Cependant, je ne veux pas dire de ne penser à rien.

Tu te demandes peut-être quelle est la différence.

Lorsque je parle de faire le vide, ce que je veux dire, c'est de te débarrasser mentalement de toutes les choses qui ne te sont pas utiles. On pourrait faire référence à un grand nettoyage. Prenons en exemple ton réfrigérateur. Lorsqu'il est trop rempli et que tu n'as plus d'espace pour ranger ton épicerie, tu ne laisses pas les aliments sur le comptoir pour être périmé. Tu sais que tu n'as pas le choix de vider ton réfrigérateur de tout ce qui n'est pas utile dans ce moment. Certains aliments peuvent être rangés dans un plus petit récipient pour créer de l'espace. Ils peuvent être placés au congélateur. Pour d'autres, tu n'as pas le choix de les mettre à la poubelle parce qu'ils commencent à laisser une mauvaise odeur qui affecte les autres choses qui se trouvent dans ton frigo.

Le même principe peut être appliqué en faisant référence à ton esprit. En dépit de la grande capacité de mémoire que tu puisses posséder, il est essentiel parfois de faire le vide, de ranger ou de nous débarrasser des pensées inutiles. Bien entendu, lorsqu'il s'agit de faire le ménage au niveau des pensées, ce n'est jamais une chose facile. Surtout lorsqu'il s'agit des choses qui nous touchent de près qui font l'objet de notre préoccupation. Pour y arriver, il faut développer des stratégies qui nous permettent de tourner notre attention vers ce qui est essentiel et par-dessus tout, vers ce que nous pouvons contrôler.

La vie est parsemée de moments difficiles. Connais-tu quelqu'un qui ne passe pas par des moments d'inquiétude? Tous, nous allons nous coucher le soir avec des problèmes et nous nous réveillons chaque matin avec des situations qui nous tourmentent. Toutefois, peu importe la situation qui se présente dans notre vie, il y a la possibilité de trouver des petits moments de bonheur qui nous réjouissent le cœur. Même lorsque certaines situations qui semblent hors de notre contrôle font surface, nous devons tout de même choisir. Je me souviens de ce que disait mon prof de musique lorsque quelqu'un lui demandait si on aurait une séance de pratique lorsqu'on annonçait le mauvais temps. Il disait: « *peu importe qu'il pleuve, qu'il neige, qu'il tonne où qu'il vente, vous pouvez faire le choix de venir à la prochaine pratique* ». En effet, peu importe les difficultés auxquelles nous faisons face, cela ne nous empêche pas de faire le choix de persévérer en allant de l'avant. Même si nous ne pouvons pas changer la température qu'il fera demain, nous pouvons choisir de nous vêtir adéquatement avec des habits qui nous protégeront des éléments. Tu as sans doute déjà entendu cette expression: « *si la vie te donne des citrons, fais donc de la citronnade* ». Ce que je retiens de cette expression, c'est que peu importe ce à quoi nous faisons face, nous pouvons au moins faire un choix consciencieux pour ne pas les laisser nous ravir du bonheur présent. Pour t'aider à vider ton frigo ou plutôt les pensées indésirables dans ton esprit, je te propose d'utiliser des stratégies qui font appel à tes cinq sens.

Cinq façons de profiter du bonheur présent.

Nous pouvons nous mettre d'accord pour dire que tous nos sens ne sont pas tout à fait à point avant notre naissance. Toutefois, dès que nous sommes sortis du ventre de notre mère, nous avons besoin de nos sens pour nous permettre de prendre connaissance de notre entourage. Et tout au long de notre vie, les renseignements que nous obtenons par le biais de nos sens nous permettent de prendre continuellement des décisions pour notre bien-être personnel voire même notre survie. Comment cela fonctionne-t-il? « _Les sensations_ _sont recueillies par les organes sensoriels et interprétées par le cerveau. Les organes sensoriels dans l'organisme sont connectés au cerveau par des nerfs. Les nerfs envoient de l'information au cerveau par l'intermédiaire d'influx électrochimiques. Le système nerveux sensoriel rassemble et envoie un flot constant d'information sensorielle en provenance de l'environnement. Cette information liée à la couleur, la forme et la texture des objets à proximité aide le cerveau à les identifier_[21] ». De ce fait, nous pouvons utiliser nos sens pour envoyer certains messages de manière délibérée à notre cerveau pour calmer notre esprit afin de rester dans le moment présent.

1. La respiration contrôlée

Une des techniques de base que j'aime apprendre aux élèves auprès duquel j'interviens, c'est la respiration contrôlée. Je ne sais pas si tu fais partie ou pas des personnes qui ne croient pas à cette méthode. Si toutefois tu as des doutes, ne te sens pas étrange parce que tu n'es pas le seul. Pour être franc, j'avais aussi mes doutes avant de bien comprendre le mécanisme derrière cet exercice. Cela peut paraître banal de parler de la respiration

---

[21] https://askthescientists.com/fr/senses/. Consulté le 19 juin 2024.

comme une stratégie face aux situations stressantes. La raison est simple, c'est un mouvement que nous faisons tous continuellement. Sinon, nous tomberons morts. Cependant, j'ai la certitude que tu as déjà expérimenté des moments que tu as eus plus de difficulté à bien respirer. Il se pourrait que ce fût durant et/ou après une activité physique. À ce moment, tu as dû t'arrêter pour prendre le temps de réguler ta respiration. Si tu ne l'as pas encore constaté, une situation perturbante aura également un impact sur le rythme de ta respiration. « *Quand on respire mal, notamment lors d'un événement stressant ou d'une émotion forte, notre souffle est coupé, nous inspirons et expirons difficilement. Cette modulation de la respiration ne permet donc pas d'inhaler suffisamment d'oxygène pour l'organisme* [22] ». Alors, si tel est le cas, l'apport en oxygène que notre cerveau devrait recevoir est troublé, ce qui peut causer un manque de concentration ou de l'incohérence. Selon le site **PERFORME** [23], « *Les étourdissements et les maux de tête soudains, brutaux ou étranges sont aussi des signes d'un manque d'oxygénation dans le cerveau* [24].» Voilà pourquoi il est essentiel que nous puissions développer les bonnes

---

[22] Vos cinq sens et la façon dont vous expérimentez le monde », *Ask Th e Scientists*, consulté le 19 juin 2024, https://askthescientists.com/fr/senses/.

[23] *Performe – Blog*, consulté le 15 juin 2024, https://www.performe.co/blog.

[24] Vos cinq sens et la façon dont vous expérimentez le monde », *Ask The Scientists*, consulté le 19 juin 2024, https://askthescientists.com/fr/senses/.

techniques de respiration pour nous permettre de maximiser l'apport d'oxygène à notre cerveau afin que nous puissions les meilleures décisions.

Il existe cependant plusieurs techniques de respiration que tu puisses pratiquer et utiliser. Entre autres, il y a l'exercice des 5 doigts de la main que je surnomme lorsque je travaille avec les plus jeunes, « la montagne russe » ou « roller coaster ». Comment cela fonctionne-t-il? En faisant glisser doucement ton index droit sur le côté gauche de ton pouce, tu respires lorsque tu montes la pente, tu fais une demi-pause au bout du doigt avant de laisser sortir l'aire dans la descente du côté droit. Mais attention, ne crie pas comme si tu étais sur un manège en pleine descente. Si vous êtes gaucher, tu peux utiliser l'index de la main gauche comme guide.

Pour ce faire, tu respires l'air par le nez tout comme tu ferais pour prendre l'odeur d'une fleur. Lorsque tu inspires, tu le fais d'une manière contrôlée tout comme pour une boisson chaude. À la manière d'un athlète ou d'un musicien, pratique pour améliorer la technique choisie. Il est très important que les stratégies de respirations se pratiquent d'abord lorsqu'on est calme afin de bien les maîtriser. Ainsi, tu pourras bénéficier de cette technique qui permet non seulement une bonne oxygénation dans ton cerveau, mais qui te permet aussi d'être, plus apte, pour prendre de meilleures décisions lors d'une situation stressante.

2. Qu'est-ce que tu vois?

Lorsque tout semble bouleversé dans tes pensées. Lorsque tu as l'impression que tu vas exploser, pour t'aider à retrouver le calme, en plus de la respiration contrôlée, tu peux aussi faire appel à ton sens de la vue. Cette technique de pleine conscience peut t'aider à retrouver le calme en restant dans le moment présent. Pour cet exercice, je recommande fortement une marche en plein air. Toutefois, tu peux le pratiquer n'importe où, même dans ta chambre. Le but, c'est de faire le vide dans tes pensées en portant l'attention sur ce que tu vois.

Si tu as la possibilité de faire une marche à l'extérieur, je t'invite à faire un choix consciencieux de porter une attention soutenue sur ce que tu observes. **Premièrement**, prends le temps de regarder les nuages en mouvement. Trouve-toi une position confortable, soit en étant allongé sur le dos ou soit en étant assis. Et comme ferait un petit enfant, essaie de discerner les différentes formes reconnaissables dans la formation des nuages. **Deuxièmement**, tu peux aussi profiter de ce moment à l'extérieur pour porter ton attention sur les fleurs. Prends le temps de bien observer leurs différentes formes et espèces, d'apprécier leur beauté et leurs multiples couleurs éclatantes. **Troisièmement**, observe les animaux dans leur routine. Par exemple, un oiseau qui cherche des brindilles pour construire son nid. Aussi, les écureuils qui semblent tout le temps jouer à un jeu de « tag » en courant l'un après l'autre et sauter d'une branche à l'autre.

Toutefois, si tu n'as pas la possibilité de sortir pour une raison ou une autre, tu peux aussi pratiquer cet exercice en étant à l'intérieur. Pour ce faire, choisis tes 5 couleurs préférées. Sinon tu peux prendre les couleurs, rouge, orange, jaune, vert et bleu. Encore une fois, l'ordre des couleurs est à ta discrétion. **Premièrement**, tu dois chercher autour de toi cinq choses de couleur rouge tout en prenant le temps de bien les observer. Tu feras de même après avoir cherché et trouvé 4 choses de couleur orange, 3 choses de couleur jaune, 2 choses de couleur verte et 1 chose de couleur bleue. Cependant, je n'aimerais pas que tu commences à te stresser davantage si tu ne trouves pas le nombre d'objets avec les couleurs que tu auras choisies. Garde à l'esprit que le but premier de l'exercice est de t'aider à détourner ton attention de ce qui semble te tracasser et remplis ton esprit en prenant le temps d'observer, voire apprécier ce qui se trouve autour de toi.

3. Quel est ce goût nouveau?

Un autre moyen de profiter du bonheur présent, c'est par l'intermédiaire de cet exercice indispensable que nous faisons chaque jour. Je veux parler de manger. À l'exception bien sûr des moins fortunés, nous mangeons en moyenne 3 repas par jour. Cependant, je me permets de te poser cette question. À quand la dernière fois que tu as pris le temps de savourer ta nourriture? Fort souvent, nous sommes pressés par le temps et nous mangeons à la hâte. Lorsque les choses semblent tournées de mal en pire, certains vont perdre l'appétit tandis que d'autres vont se gaver de nourriture qui ne soit pas nécessairement bonne pour leur corps. En conséquence, nous pouvons constater qu'en plus, d'être nécessaire pour notre croissance physique, la nourriture va être utilisée comme un moyen pour gérer nos emprises avec les émotions, le stress. Cependant, le fait de s'abstenir ou de manger abondamment n'est pas les meilleurs moyens de faire usage de la nourriture pour reprendre le contrôle sur nos pensées.

Premier exercice:

- Prends un fruit, une fraise par exemple. Croque dedans comme si c'était la première fois. D'abord, prends le temps de savourer le goût qui la distingue des autres baies. Si tu devais en décrire le goût à quelqu'un qui n'a jamais goûté à une fraise, comment la décrirais-tu? Est-ce qu'elle est juteuse, sucrée ou sûre?
- Toujours en savourant ta fraise, est-ce que tu peux connecter son goût à un souvenir agréable dans ta vie? Si tel est le cas, prends le temps de revivre l'événement. Si tu n'as aucun souvenir agréable qui te connecte avec la fraise, il t'est permis d'utiliser ton imagination pour peindre une scène favorable.

Avant d'entamer le deuxième exercice, j'aimerais explorer brièvement le lien entre le goût et l'odorat. Tu as sûrement déjà entendu que l'odorat joue un rôle clé dans la saveur des aliments. Bien que scientifiquement parlant, on ne puisse mettre un pourcentage exact, cela demeure cependant un fait. « *Selon une théorie, <u>l'odorat agit comme une force modulatrice.</u> Elle active le mécanisme, pour ainsi dire, en communiquant au cerveau ce à quoi il doit s'attendre de la nourriture, modifiant ainsi la saveur perçue de l'aliment.*[25]» En d'autres mots, le goût que tu perçois est influencé par l'odeur. Si tu as des doutes pense à une fois que tu étais congestionné. Peut-être ne l'as-tu jamais remarqué lorsque tu es congestionné ou enrhumé, même les mets les plus succulents semblent avoir perdu leur saveur. Le problème n'est pas avec la nourriture, mais c'est que tes papilles gustatives ne sont pas en mesure à elles seules d'envoyer à ton cerveau le signal qui représente une certaine saveur.

Deuxième exercice:

- Tu peux encore utiliser une fraise ou un autre fruit de ton choix. Prenons une pêche cette fois-ci. Avant d'y croquer dedans, je vais t'inviter à faire l'usage de tes autres sens.

---

[25] « Le lien entre le goût et l'odorat », *Ask The Scientists*, consulté le 19 juin 2024, https://askthescientists.com/fr/linking-taste-smell/.

- **La vue**: Prends le temps de bien observer la forme de la pêche. Attentivement, on observe la nuance des couleurs, son allure, sa beauté et même son imperfection.
- **Le toucher**: Utilise tes doigts pour ressentir sa fermeté. Concentre-toi sur ses particularités qui pourront t'aider à l'identifier les yeux fermés.
- **L'odorat**: Maintenant, respire à plein poumon l'odeur de la pêche. Essaie d'enregistrer cette odeur dans ta mémoire. Tu peux aussi l'associer à un souvenir agréable.
- **Le goût**: Maintenant, c'est le temps de mordre dans la pêche. J'espère qu'elle est bien juteuse et succulente. Peu importe sa saveur, fais-toi une note mentale de ce qui te dérange particulièrement dans le goût de cette pêche. En dépit de son imperfection, je t'invite à apprécier le fait que ses nutriments serviront tout même à fortifier ton corps.

4- Le toucher

Le toucher peut paraître simple, mais dès la naissance, ce sens tactile s'est avéré être très essentiel. Non seulement le toucher nous permet de mieux nous connecter avec notre environnement, mais il joue aussi un rôle important dans le lien d'attachement d'un enfant avec ses parents. Selon Bowlby « *l'attachement est un lien affectif positif qui s'accompagne d'un sentiment de sécurité*[26]» (Papalia et al 2018, p.135). La sécurité est un élément vital pour le bien-être tant mental que physique. Que ce soit un enfant qui tient la main de ses parents face à un danger, ou un ami qui nous soutient pour nous aider à nous relever après une chute, ou encore pour faire face à une difficulté quelconque, cette sensation de sécurité est primordiale. Peu importe l'issu des événements dans notre vie, le contact physique demeure crucial pour nous offrir un sentiment de bien-être mental.

À vrai dire le toucher n'a pas besoin de venir nécessairement de quelqu'un qu'on connaît. Il peut aussi venir d'un étranger. Il m'est arrivé à maintes reprises d'assister à la manière dont cela a permis de soulager une personne en souffrance. Il est fascinant de constater que le simple acte de poser sa main sur les épaules d'une personne ou de lui tendre la main peut avoir un effet réparateur sur elle. Il est vrai que certaines personnes vont choisir de se retirer dans un coin ou dans leur chambre lorsqu'elles font face à une situation qui les bouleverse émotionnellement. Je dirais que même dans ces cas, la décision de s'isoler n'est pas nécessairement le résultat espéré à long terme. Je crois que tous ont le désir de recevoir un contact physique pour se réconforter. Toutefois, certains ont développé certains mécanismes de défense pour gérer une situation stressante. Par exemple, certaines personnes vont se blottir dans un lit

---

[26] Psychologie du développement humain, 9e édition. Diane E. Papalia, Gabriela Martorell 2018, page 135.

ou un siège avec une couverture et leur réconfort provient de cet objet. J'ai déjà travaillé avec un jeune homme qui a perdu ses parents alors qu'il était un enfant. Je me souviens qu'il se promenait avec un petit morceau de tissu dans sa poche. Il s'agissait d'un souvenir de sa mère. Lorsqu'il ressentait un moment d'anxiété, il glissait sa main dans sa poche pour rechercher ce contact qui lui procurait un sentiment de réconfort. Selon Papalia et al 2018, p.125, il est dit que plusieurs enfants vont utiliser un toutou, une couverture ou d'autres objets pour faire face à leur anxiété de séparation, dont le terme utilisé est « *objet de transition* ».

Il existe une gamme d'objets sensoriels qui sont utilisés chaque jour par des millions de personnes pour les aider à gérer leurs émotions. Tu as déjà peut-être tenu une balle anti-stress. Le fait de faire pression sur cette petite balle peut t'aider à te calmer en stimulant la circulation sanguine pour mieux oxygéner ton cerveau. Tout comme l'exemple qui se trouve dans la partie sur le goût, tu peux toucher un fruit. Le toucher peut être exploité à différents niveaux pour te permettre de trouver un calme dans ton esprit et de rester dans le moment présent.

5- L'ouïe

Nos oreilles, en tant qu'organe sensoriel, jouent un rôle crucial dans la réception des ondes sonores qui sont constantes dans notre environnement. Notre capacité d'écoute facilite la communication avec les autres. Elle nous permet aussi de jouir des chants des oiseaux, les chansons et la musique de nos artistes préférés. De plus, ces sons captés nous permettent de détecter un éventuel danger, tels que le rugissement d'un animal, le grincement des freins d'une voiture ou encore les variations de la tonalité dans la voix d'une personne. Ce qui fait de notre ouïe un élément déterminant dans notre réponse au stress.

Néanmoins, l'utilisation de cette capacité sensorielle est grandement utilisée comme une stratégie puissante pour aider à réduire les symptômes du stress. Je me souviens de cette histoire qui m'a été racontée par mon professeur de musique, bien longtemps avant de me diriger dans le domaine de la thérapie. Il m'a raconté comment un de ses amis qui le visitait était en prise avec un mal de tête sévère. Généralement, il doit prendre des pilules et se reposer loin des bruits. N'ayant pas de médicament chez lui, il invite son ami à s'allonger sur un sofa. Toutefois, sans lui dire un mot, il a choisi de mettre une musique légère. Environ une heure plus tard, son ami est venu le rejoindre en exprimant les bienfaits de la musique qui lui a permis de se détendre au point de s'endormir. De plus, il ne ressentait plus son mal de tête même s'il n'avait pas pris aucun médicament comme à l'habitude. De nos jours, l'utilisation de la musique comme stratégie thérapeutique est largement répandue. Partout sur les réseaux sociaux, on peut trouver des heures de musique de relaxation pour aider à se calmer. D'ailleurs, j'en fais usage à l'occasion à titre personnel tout comme lors de mes sessions de thérapie avec un client.

Néanmoins, un niveau sonore trop élevé peut poser problème pour certaines personnes, en particulier celles qui éprouvent des difficultés à se concentrer et à prêter attention. Dans presque toutes les écoles élémentaires où j'ai travaillé, j'ai toujours eu des élèves qui font face à ce défi. Une des solutions simples est l'utilisation des casques non pas pour écouter de la musique, mais pour réduire les sons qui proviennent de leur entourage. Pas besoin d'être enseignant pour comprendre qu'une classe remplie de jeunes enfants peut être bruyante. De ce fait, certains élèves avec des diagnostics formels ou non formels vont avoir de la difficulté à se concentrer pour faire leurs travaux scolaires. À vrai dire, il ne s'agit pas seulement d'un problème trouvé chez les enfants. À titre d'enseignant dans un établissement collégial, il m'arrive chaque année de recevoir au minimum une requête de la part d'étudiants souhaitant obtenir l'autorisation de se rendre dans une salle spécialisée durant les périodes d'évaluation. Le pourquoi, c'est que le moindre bruit peut affecter leur concentration qui par ricochet augmente leur niveau de stress lors de l'évaluation.

Exercice 1:

- Installe-toi dans un endroit que tu aimes (par exemple : dans un parc, dans votre chambre, etc.), ferme les yeux pour une meilleure concentration.
- Prête attention aux sons qui parviennent à l'oreille.

- Au début, n'essaie pas de les filtrer. Laisse-les venir et passer, comme les nuages dans le ciel.
- Pour un meilleur résultat de relaxation, il est important de mettre en pratique la respiration contrôlée lors de cet exercice.
- Ensuite, essaie de porter ton attention sur un son à la fois. Si possible, essaie d'identifier des sons que tu n'avais pas remarqués au préalable.
- Durant cet exercice, tu peux aussi prendre conscience de tes sentiments, les sensations que tu ressens, ainsi que les pensées qui te viennent à l'esprit. S'ils ne sont pas agréables, ne t'attarde pas là-dessus. Laisse-les venir et passer comme des nuages aussi.

Note : N'hésite pas à répéter l'exercice jusqu'à ce que tu te sentes relaxé.

Exercice 2:

Prépare une liste de lecture de tes chansons préférées et enregistre-la sur ton téléphone ou tout autre appareil électronique afin d'y accéder facilement et rapidement lorsque nécessaire. Cet exercice peut se faire à n'importe quel endroit qui soit sécuritaire pour porter des écouteurs. Tu peux être à l'école, au travail, dans un autobus ou dans ta chambre.

Toutefois, je recommande de combiner cet exercice avec une marche pour de meilleurs résultats.

Encore une fois, la pratique de la respiration contrôlée est un plus.

Il n'est pas sans dire que nous n'avons aucun contrôle sur les événements passés de notre vie. Il est vrai que nous pouvons exercer une certaine influence sur ce qui est de notre futur, mais il y aura toujours des situations qui se trouvent hors de notre contrôle. La température de demain échappe à notre contrôle, mais indépendamment des conditions atmosphériques, nous pouvons décider de nous habiller chaudement si cela s'avère nécessaire.

Nous sommes souvent troublés par des scénarios futurs, ce qui fait que la majorité de nos angoisses trouve son origine dans nos pensées. Cela ne veut pas dire que nous ne faisons pas face à des situations réelles qui nous bouleversent. Toutefois, peu importe les sentiments d'inquiétude que tu ressens en raison d'une situation quelconque, tu peux faire usage de ces différentes stratégies qui te permettront de rester dans le moment présent.

Vivre l'instant présent dans une perspective biblique

La bible ne reste pas silencieuse au sujet de ce que nous devons faire pour apaiser nos inquiétudes. Le fait qu'une personne soit chrétienne ne l'immunise pas contre les problèmes. Peut-être tu as déjà entendu certaines personnes déclarer: « *avec Jésus, il n'y a pas de problème* ». Malheureusement, cette déclaration n'est pas supportée par Jésus, car lui-même a déclaré que nous aurons des tribulations (Jean 16.33). De plus, il nous invite aussi à prendre notre croix et à le suivre (Matthieu 16:24). Toutefois, en acceptant le Christ Jésus comme notre sauveur personnel, il nous a promis d'atténuer nos difficultés. C'est pour cela qu'il a déclaré que son joug est doux et son fardeau est léger (Matthieu 11:30).

Peu importe nos croyances, nous sommes tous en prise avec les soucis de ce monde. Nous sommes tous inquiets! Qu'il s'agisse de notre carrière professionnelle, de notre bien-être personnel ou de celui de notre famille, tout cela nous perturbe l'esprit. Peut-être que tes prières sont au sujet de tes difficultés financières. Ce n'est pas un secret bien gardé lorsqu'il s'agit d'argent. Pour la grande majorité des humains, c'est un problème commun! Peu importe nos difficultés, notre foi en Jésus peut en effet nous aider à naviguer à travers nos problèmes. Cette foi peut nous amener à chercher la guérison auprès de lui. Et il a le pouvoir de nous guérir de toutes maladies physiques ou mentales. Fort souvent, j'ai l'impression que croyant ou pas, lorsqu'on fait face à une difficulté, si on prend le temps de prier, on s'attend à une solution miraculeuse. Un peu à la manière d'un tour de magie. Ce n'est pas que cela soit au-delà de ce que Dieu peut réaliser, mais Il s'attend à ce que nous lui fassions confiance en suivant les recommandations qu'il nous a communiquées.

Matthieu 6:34 nous dit: « *Ne vous inquiétez donc pas du lendemain; car le lendemain aura soin de lui-même. À chaque jour suffit sa peine* ». Je crois que tu vas être d'accord avec moi si je dis qu'il y a trois parties dans cette déclaration. Maintenant, regardons un peu comment cela peut être appliqué comme solution dans nos soucis quotidiens.

Ne vous inquiétez donc pas du lendemain

Quel est donc ce sentiment qui te traverse l'esprit au point que tu as de la difficulté à te concentrer? Que l'on soit jeune ou adulte, croyant ou athée, il est indéniable que chacun a déjà ressenti cette impatience face à l'attente d'une quelconque réalisation. Peut-être en ce moment même, tu t'inquiètes pour ton lendemain. Tu observes les différentes options de carrière sans pour autant être certain de celle qui te conviendra le mieux. Peut-être ton questionnement se fait plutôt au niveau de tes relations, que ce soit familial ou sentimental. Ou encore, tu es ce parent qui, en plus de ressentir des sentiments concernant l'accomplissement de ses objectifs personnels, s'inquiète également de l'avenir de son enfant. Peu importe qui tu es ou de ta situation actuelle, je veux que tu saches que tu n'es pas seul à ressentir ce sentiment qui est tout à fait normal.

La première partie du verset nous dit: « *ne vous inquiétez donc pas du lendemain* ». Qu'est-ce que cela veut dire pour toi? Selon ma compréhension, il me semble que Jésus reconnaît que nous avons tendance à nous inquiéter non pas seulement de ce qui se passe maintenant, mais de ce qui pourrait arriver demain. Remarquez que l'accent est dirigé vers le lendemain. Et j'ajoute pour dire « **ce qui pourrait arriver** ». En d'autres mots, les soucis qui nous tracassent sont des pensées qui se forment dans notre tête. Toutes sortes de scénarios au sujet de ce qui pourrait se passer dans le futur. Cela ne fait pas de différence que le lendemain soit littéralement le jour suivant, la semaine prochaine, le mois prochain ou même des années plus tard. Nous ne devons pas en faire un sujet de préoccupation qui nous trouble au point que nous avons de la difficulté à fonctionner dans le moment présent.

« *Je crains surtout que nous risquions, par nos soucis, de nous fabriquer des jougs. Ne nous tourmentons pas, car ainsi, nous alourdissons notre joug et notre fardeau*[27] ». Tout comme dans l'exemple du « Parti pooper », nous laissons les multiples opportunités quotidiennes qui sont des bénédictions de Dieu nous passer à côté en raison de nos inquiétudes. Nous sommes incapables de jouir du bonheur présent parce que notre attention est tournée vers cette situation qui fait tâche d'encre dans nos pensées et dont nous n'arrivons pas à nous défaire. Malheureusement, cette incapacité à lâcher prise ne fait que grossir dans nos pensées, ce qui par ricochet semble alourdir chaque jour, nos jougs que Jésus nous a promis de rendre légers.

---

[27] Ellen G. White, *Pour un bon équilibre mental et spirituel*, vol. 2, chap. 50, « Les soucis et l'anxiété », Dammarie-lès-Lys, France : Éditions Vie et Santé, [s.d.], https://m.egwwritings.org/fr/book/519.3205#3205.

Matthieu 6:27 nous dit: "*Qui de vous, par ses inquiétudes, peut ajouter une coudée à la durée de sa vie?*» Que nous soyons couchés malades sur un lit d'hôpital, entre la vie et la mort. Que nos préoccupations soient liées à notre nourriture de demain ou à la manière de payer le loyer à la fin du mois, il convient de noter que l'inquiétude ne peut pas apporter de solution à nos problèmes. Tout comme cela prend un effort constant et une bonne discipline pour fortifier notre physique, il en est de même pour notre bien-être mental et spirituel. Les 5 sens que Dieu nous a donnés peuvent être utilisés pour nous aider à réduire nos inquiétudes tout en le glorifiant. La pratique des différents exercices que j'ai partagés avec toi n'est pas contraire à la volonté de Dieu. Fais-en bon usage dans un esprit de contemplation des dons magnifiques de Dieu.

- **La vue**: Le Psaume 19 nous rappelle que la nature raconte la gloire de Dieu. Donc, lorsque les inquiétudes semblent te dominer, prends un instant pour observer les lys des champs, afin de te remémorer les promesses de celui qui en prend soin et qui te valorise au-delà de tout (Matthieu 6).

- **L'odorat**: Profite d'une bonne marche en plein air pour profiter des bienfaits de l'exercice physique, mais aussi pour respirer l'odeur agréable des parfums des fleurs. «*Des inspirations profondes au grand air apportent aux poumons l'oxygène qui purifie le liquide nourricier. Celui-ci prend dès lors une teinte rouge vif, et va porter la vie dans toutes les parties du* corps. Une bonne respiration calme les nerfs, stimule l'appétit, facilite la digestion et assure un sommeil paisible et réparateur[28] ».

- **L'ouïe**: Si tu peux entendre, déjà c'est une bénédiction. Laisse-toi bercer par les chants des oiseaux qui ne sèment ni ne moissonnent, mais dont Dieu prend soin. Pour calmer ton esprit, écoute les chants de louanges qui te rappellent la gloire de Dieu ainsi que ses promesses.

- **Le toucher**: « *Si je puis seulement toucher son vêtement, je serai guérie* » (Matthieu 9.21). Dans cette histoire, le geste de cette femme, qui souffrait de pertes de sang depuis douze ans, peut être décrit comme « le toucher de la foi ». Néanmoins, il convient de noter que, de manière générale, le contact physique en période de souffrance peut procurer une sensation agréable.

- **Le goût**: « ***Soit donc que vous mangiez, soit que vous buviez, soit que vous fassiez quelque autre chose, faites tout pour la gloire de Dieu* » (1 Corinthien 10.31). Si tu manges chaque jour, savoure ta nourriture avec gratitude et pense à ceux qui sont moins fortunés. Reconnais ce privilège avec joie.

---

[28] Ellen G. White, *Le Ministère de la Guérison*, chap. 77, Mountain View, CA : Pacific Press Publishing Association, 1905, https://m.egwwritings.org/fr/book/195.1621#1621.

Car le lendemain aura soin de lui-même

La deuxième partie du verset n'est pas si différente de la première. Attention! Il ne s'agit pas d'un appel à l'oisiveté. Le lendemain aura soin de lui-même, ne veut pas dire qu'il faut s'asseoir et ne rien faire. Pour le chrétien, la solution peut paraître simple. Il s'agit de prier pour remettre tout à Dieu. En effet, il faut toujours soumettre nos projets à Dieu. Néanmoins, tu as un rôle actif à jouer afin de cultiver une ferme assurance dans les choses que tu espères, mais que tu ne vois pas (Hébreux 11.1). Pour arriver à cultiver les pensées positives, il faut que tu arrives à les discipliner. « ***Si les pensées sont correctes, les paroles seront correctes; les actions seront de nature à procurer joie, soulagement et repos aux âmes.*** [29] »

En dépit de cette belle espérance que nous avons dans les promesses de Dieu, beaucoup de chrétiens continuent d'être malheureux parce qu'ils n'arrivent pas à vider leur esprit de leurs inquiétudes. Dans Matthieu 15.19, Jésus nous dit: nous ne sommes pas souillés à cause de notre alimentation, mais en raison des pensées négatives qui émanent de notre cœur. La question que je te lance en ce moment. Qu'est-ce qui nourrit ton cœur? Toi seul peux répondre à cette question en faisant une

---

[29] Ellen G. White, *Pour un bon équilibre mental et spirituel*, vol. 2, chap. 72, « Habitudes de pensée », Dammarie-lès-Lys, France : Éditions Vie et Santé, [s.d.], https://m.egwwritings.org/fr/book/519.3259#3259.

introspection. Puisque tu sais maintenant que les bonnes pensées ne viennent pas naturellement, il te faut d'abord avoir le désir de porter ce changement dans ta vie. Si tu n'as pas la volonté, là encore tu peux prier pour avoir l'aide de Dieu. Néanmoins, tu as une décision et une part active dans l'accomplissement de ce travail. Il est essentiel de comprendre l'importance d'utiliser efficacement les stratégies de pleine conscience, car elles t'aideront à concentrer tes pensées sur l'instant présent.

À chaque jour suffit sa peine

Je me souviens lorsque j'étais un enfant, ma grand-mère me disait souvent: « *ne laisse pas à demain ce que tu peux faire aujourd'hui* ». Lorsque nous prenons le soin de nous donner fidèlement à nos tâches quotidiennes, nous n'avons pas à nous inquiéter de l'avenir. L'étudiant, qui prend le soin d'effectuer ses travaux scolaires chaque jour, n'a pas à s'inquiéter du test d'évaluation ou même de sa réussite scolaire. Le travailleur qui s'occupe fidèlement de ses fonctions et qui donne un bon rendement n'aura pas à se soucier de son emploi. Du moins, il ne devrait pas. Mais il existe des facteurs qui sont hors de notre contrôle. Cependant, si nous accomplissons fidèlement nos tâches quotidiennes, nous n'avons qu'à laisser le reste entre les mains de Dieu.

L'expression selon laquelle « à chaque jour suffit sa peine » constitue une invitation de Dieu à savourer le moment actuel. Malheureusement, il y en a plusieurs qui investissent inutilement beaucoup trop d'énergie dans l'inquiétude de ce qui pourrait se passer demain.

D'autres sont incapables de se défaire des sentiments de culpabilité ou des échecs passés, ce qui est la cause de leur dépression. Bien sûr, je reconnais qu'il y a des personnes ayant des problèmes chroniques de nature génétique. Aussi, il y a certainement des événements du passé qui ont laissé des séquelles durables. Comment oublier les séquelles d'un traumatisme sexuel, la perte d'un être cher ou une expérience très difficile dans sa vie ? Je ne suggère pas d'effacer les souvenirs, mais plutôt d'adopter une attitude d'acceptation pour te permettre de profiter pleinement de l'instant présent. Néanmoins, plusieurs ont de la difficulté à profiter de l'instant présent parce qu'ils passent trop de temps à se soucier des choses qu'ils n'ont plus et n'auront jamais le contrôle.

Quelques stratégies pour t'aider dans cet exercice:

- Premièrement, fais une liste de toutes les choses qui suscitent un sentiment d'inquiétude chez toi.

- Deuxièmement, classe-les en trois colonnes: passé, présent, futur. Petite clarification!

- *Un problème passé*, c'est quelque chose que tu ne peux plus changer, bien que tu continues de vivre au quotidien avec ses conséquences physiques et mentales. Par exemple, tu as survécu à un événement qui t'a profondément marqué.

- *Un problème présent est* une situation dérangeante que tu vis actuellement et que tu dois surmonter au quotidien. Par exemple, le fait que tu sois dans une relation malsaine, soit à la maison, à l'école ou au travail.

- **Un problème futur**, c'est l'anticipation de quelque chose à venir. Qu'elle soit réelle ou imaginaire. C'est cet examen qui s'en vient dans une semaine. Cette facture doit être payée le mois prochain. L'anticipation d'une réaction négative provenant de la part d'autrui.

- Troisièmement, présente à Dieu ses trois colonnes dans une prière et demande-lui la force de porter ton attention sur seulement les défis présents. Ensuite, demande-lui de t'aider à trouver les meilleures stratégies à mettre en pratique pour surmonter tes défis. Est-ce un moment d'exercice, une marche en plein air, ou est-ce que cela demande que tu consultes un spécialiste dans le domaine?

Autres stratégies:

Quant à faire une liste, prends donc le temps de dresser les choses pour lesquelles tu es reconnaissant dans ta vie. Si tu te sens découragé, prends donc le temps d'écrire les défis que tu as déjà surmontés dans ta vie. Note les commentaires positifs, les compliments que les gens de ton entourage te font d'habitude. Relève tes bonnes qualités. Les bons coups que tu as réussis dans ta vie. N'oublie pas de compter les bienfaits de Dieu dans ta vie.

À retenir

Il est tout à fait normal que nous promenions des regards inquiets lorsque nous faisons face à des difficultés. Mais, il faut seulement se rappeler que Dieu nous a dit de ne pas nous inquiéter (Mt 6.26). Si nous sommes atteints d'une maladie ou si nos enfants souffrent d'un mal quelconque, nos inquiétudes ne pourront pas ajouter une coudée à la durée de notre vie ou de la leur (Mt 6.27). Nous devons continuer à faire confiance à notre Dieu en recevant le pain qu'il nous procure aujourd'hui, sans nous inquiéter de l'avenir « car le lendemain aura soin de lui-même et chaque jour suffit sa peine (Mt 6.34) ». Il faut d'abord vouloir changer ses habitudes, puis faire un effort continu pour se concentrer sur les défis du jour.

JE CHOISIS MES COMBATS

Un jour, la femme d'un homme puissant et riche a mis au monde un beau petit garçon. Malheureusement, dès sa naissance, ce petit bébé innocent et fragile était atteint d'une maladie très grave. En dépit des efforts de plusieurs spécialistes renommés, aucun des médicaments recommandés ne semblait ni améliorer la santé du bébé ni apporter un soulagement à sa souffrance. L'homme, qui était un croyant chrétien, a décidé de jeûner et de prier Dieu pour la guérison de son petit garçon. Il passa ainsi, plusieurs jours en jeûnes et plusieurs nuits à se coucher à même le sol, en espérant recevoir une réponse favorable à sa requête.

Malheureusement, après seulement sept jours dans ce monde, le petit bébé rendit son dernier souffle. Peut-être trouves-tu cela injuste? Pourquoi ce petit enfant qui n'a jamais fait de mal à personne dû à souffrir autant? Pire, il est mort après une semaine entière de souffrance. Maintenant, imagine que tu sois la personne qui devrait se présenter devant cet homme pour lui annoncer la mort de son nouveau-né. Même si tu n'es pas un parent, tu peux imaginer toute la gamme d'émotions qu'il aura à vivre. Entre autres, la colère et la tristesse, il y a aussi la déception et un sentiment d'injustice. Non seulement il a dépensé beaucoup d'argent auprès des médecins, il a aussi jeûné et prié son Dieu pendant plusieurs jours et nuits pour un miracle. Malgré tout, son petit bébé est quand même décédé.

Cependant, la réaction de ce père fut contraire à ce qui serait considéré comme normal pour la plupart d'entre nous. En apprenant que son fils était mort, le père se leva de terre. Il alla prendre une douche avant de se vêtir de vêtements propres. Il se dirigea ensuite vers un endroit spécialement aménagé pour la prière dans sa maison, où il passa quelques instants avant de se rendre à la salle à manger. Là, il a demandé de la nourriture avant de se mettre à table pour manger copieusement.

Une telle réaction peut t'amener à croire qu'il a sans doute, comme dit l'expression « péter un câble. » En d'autres mots, il est devenu fou. Peut-être tu dis qu'il suit l'étape normale du deuil et que le choc de la mort de son fils le met tout simplement dans la phase du déni et très bientôt il va exprimer sa colère et que cela ne va pas être très beau à voir. Que dirais-tu, si je te dis qu'il y a une autre explication juste, pour comprendre la réaction de cet homme? Il s'agit d'une technique que toi aussi pourras utiliser pour mieux gérer ton comportement lors des situations désagréables. Il s'agit d'une approche qu'on appelle « l'acceptation. »

Je ne crois t'apprendre rien de surprenant si je te dis que dans la vie, tu auras à vivre plusieurs expériences, négatives aussi bien que positives. Peut-être que ce qui te dérange davantage, ce sont les situations passées et présentes qui te tourmentent encore aujourd'hui. Que faire pour éviter d'avoir constamment de ressentir ces sensations négatives? Cette situation est tellement difficile, lorsque tu y penses, cela te fait vivre encore des sensations fortes au point de ressentir que tu n'as plus le contrôle de tes émotions. De plus, cela t'affecte au point de rendre ta relation avec les autres moins agréable.

Cependant, il est possible de coexister avec toutes ces expériences, même celles qui sont désagréables. Dans la thérapie ACT, le processus d'acceptation nous amène à acquiescer une situation désagréable sans chercher à la combattre. Bien entendu, il ne s'agit pas d'un processus facile. Cela prend du temps et de la pratique. Toutefois, je t'assure qu'avec la persévérance, cela deviendra plus facile pour toi à l'intégrer dans ta vie.

Un face-à-face nécessaire

Très souvent nous ne trouvons pas de solution à nos problèmes parce que nous avons de la difficulté à faire face à notre situation. Dès qu'un problème se présente, que ce soit de manière inattendue ou prévisible, il engendre automatiquement des émotions fortes en nous. Que ce problème soit inattendu ou prévisible, il engendre automatiquement des émotions fortes en nous. Toutes sortes de scènes se dessinent dans notre esprit, et en général, ce sont des pensées négatives.

Quand cela se produit, de façon naturelle, nous avons tendance à essayer de ne pas ressentir des émotions ou avoir des pensées.

Je ne dis pas qu'il n'y pas des situations où l'évitement ne devient pas la décision sage à prendre. Par exemple, si tu remarques des mouvements suspects dans un passage peu éclairé, il est plus prudent de l'éviter si tu peux. Je ne recommande pas que tu fonces dans une situation qui semble potentiellement dangereuse. À moins que tu n'aies comme, Clark Kent ou Clara Kent, le signe « S » pour « Superman ou Superwoman » gravé sur ta poitrine. Puisque j'ai la certitude que ce n'est pas le cas, alors trouve-toi un autre chemin. Les événements auxquels je me réfère sont comparables à l'expérience de ce père qui a dû affronter le décès de son enfant.

Malheureusement, dans plusieurs situations, l'évitement peut conduire vers des choix qui sont beaucoup plus néfastes pour notre bien-être. Le fait de ne pas savoir quoi faire ou même de craindre qu'une action de notre part puisse empirer davantage le problème pousse certaines personnes à se tourner vers des solutions nuisibles qui renforcent l'évitement. Il m'est arrivé de nombreuses fois d'entendre des jeunes et des adultes admettre qu'ils se sont tournés vers l'alcool ou les substances illicites pour tenter de fuir leurs problèmes. De nos jours, j'ai réalisé qu'il y avait d'autres sources très puissantes qui permettent aux plus vieux tout comme aux plus jeunes de pratiquer l'évitement d'une manière plus subtile, mais tout aussi dangereuse.

À la suite de la longue période de confinement dû au virus de COVID-19, j'ai l'impression que nous vivons dans une nouvelle ère qui est « la pandémie après la pandémie ». Il s'agit de la dépendance aux réseaux sociaux, à Netflix, à YouTube ou aux jeux vidéo en ligne. Il y a un grand nombre d'élèves, lorsqu'ils viennent dans mon bureau qui me citent au moins une de ses applications électroniques comme moyen pour gérer leur stress. Lorsque je fais une évaluation sincère de la situation, je dois admettre que pour moi aussi, d'une certaine manière, ces distractions font partie de mes moyens pour éviter de trop réfléchir sur des situations qui me troublent. Peut-être, tel est le cas pour toi aussi. Attention! Je ne dis pas que l'usage de ces réseaux sociaux est mauvais en soi. Mais cela devient problématique lorsqu'on développe une dépendance tout comme à l'alcool ou à la drogue. Cela devient un problème lorsque l'utilisation ne devient plus un moyen de distraction, mais un moyen d'évitement.

Quelle est la source de ton anxiété? Est-ce cette maladie qui te fait souffrir depuis longtemps et pour laquelle tu n'as pas pu trouver de solution auprès des médecins? Peut-être, elle provient de tes soucis pour cet enfant que tu vois grandir et qui maintenant arrivé à un certain âge semble s'éloigner de jour en jour loin des grandes aspirations que tu avais pour lui. En plus d'être désobéissant à ton autorité, cet enfant a aussi choisi d'adopter un comportement que la plupart considère comme « hors norme ». Peut-être que la source de ton inquiétude est alimentée par ce poste au travail que tu espères obtenir depuis longtemps. Une position pour laquelle tu sais pertinemment que tu as les compétences requises et que cela fait déjà très longtemps que tu travailles très fort pour gravir cet échelon, mais sans succès. Peut-être que ton problème est plus profond. Il s'agit des souvenirs embarrassants, voire même dénigrants, que tu croyais enfouis à jamais dans l'oubli, mais qui refont surface dans ta mémoire. Ou tu as tout simplement peur. Peur d'échouer, peur d'une réponse négative, peur de ce que pensent les autres…

Il y a des situations dans la vie qu'on ne peut pas forcément éviter. Chacune d'elles va susciter en nous des émotions différentes. Il n'existe pas de mauvaises ou de bonnes émotions, puisqu'elles ont toutes leurs rôles et leur importance. Toutefois, nous aspirons à ressentir régulièrement la joie, laquelle engendre en nous des sensations agréables. Cependant, à plusieurs occasions, c'est la peur, la colère ou même la tristesse qui sont en avant-plan dans notre vie. Contrairement à la joie, ces émotions vont générer en nous des sentiments qui sont plutôt désagréables, voire douloureux.

Mettons les choses au clair! Aucun ennemi ne peut être vaincu en utilisant la méthode de l'évitement. Surtout lorsqu'il ne s'agit pas d'un ennemi qui a une forme physique et qui peut être vu. Malheureusement, cet ennemi est dans notre tête, notre esprit, nos pensées. Il nous suit partout et ne risque jamais de se fatiguer. En revanche, plus la durée est longue, plus il semble avoir un impact négatif sur notre existence. Je crains que son emprise sur nous ne fait qu'augmenter. Il faut se rendre à l'évidence. Pour obtenir la victoire, il faut tôt ou tard affronter cet ennemi. Sinon, nous resterons toujours un captif mental, émotionnel, physique et même spirituel.

Il en est de même pour tous les problèmes ou toutes les situations indésirables qui se présentent dans ta vie. Tu dois y faire face! En prenant une attitude combative, c'est ainsi que tu seras en mesure d'observer le problème et de reconnaître l'émotion que cela produit en toi. Ce face-à-face, non seulement c'est un exercice qui doit se faire de manière délibérée, mais le plus important, il doit être fait aussi de manière contrôlée et stratégique. Je me souviens de cette dame qui m'a fait cette description de son affrontement quotidien. Elle m'a dit: Ralph, quand je vais dormir, j'ai l'attitude d'un expert en karaté, et en me réveillant, je me sens comme un boxeur de haut niveau. En d'autres termes, elle est constamment en train de se battre. Malheureusement, cette dame s'y prenait mal sur le point stratégique. Elle avait en effet un esprit combatif, mais elle se battait contre les émotions qu'elle ressentait. Une telle approche n'est pas efficace et c'est pour cela qu'elle ne semblait jamais trouver du repos.

Il est important de comprendre que ton combat n'est pas contre l'émotion que tu ressens lorsque tu dois prendre la parole en public. Il n'est pas non plus contre ce sentiment désagréable que tu ressens en présence d'une certaine personne. Ton combat ne consiste pas à chercher tous les moyens possibles pour ne pas ressentir ce sentiment d'anxiété à cause de tes problèmes financiers. Il n'est pas non plus contre ce sentiment de tristesse que tu ressens en raison d'une séparation quelconque ou même d'un deuil. Ton combat est contre ton incapacité à accepter de vivre pleinement l'émotion que tu ressens dans tous les aspects de ta vie. Qu'il soit un diagnostic non souhaitable ou autres situations hors de ton contrôle.

Le processus d'acceptation n'est pas non plus de te soumettre à des sentiments douloureux dans une attitude de résignation.

« Mon ami m'a trahi, je me sens triste. C'est correct parce que je le mérite sûrement. »

Trop de personnes souffrent en s'apitoyant sur leur sort. Elles se retrouvent dans une situation abusive au point que leur estime de soi en prend un grand coup. En prenant une relation abusive en exemple, je ne veux pas seulement faire référence à une relation amoureuse. Les relations abusives se passent même entre les murs des écoles. Cela se passe entre les élèves dans les classes et surtout sur la cour de récréation. De nos jours, cela se poursuit davantage sur les réseaux sociaux. Les relations abusives peuvent être dans le milieu du travail, entre les employés tout comme entre un employé et son patron. Pour être honnête, j'en ai déjà observé des comportements abusifs à l'intérieur même de l'église. Peu importe les circonstances, il est clair que la résignation n'est pas ce que je recommande lorsqu'on parle de l'acceptation comme stratégie au lieu de l'évitement.

Trois étapes importantes dans l'acceptation

L'acceptation peut être douloureuse au départ puisque cela te demande d'embrasser des sensations non plaisantes. Toutefois, lorsqu'elle est faite de manière efficace, elle te permettra de reprendre le contrôle de plusieurs situations désagréables, voire malsaines, qui surviennent dans ta vie.

1-Se calmer

Cette première étape très importante peut paraître simple, mais très souvent ce n'est pas le cas. Rester calme ne veut pas dire que cela fera disparaître le problème, mais je t'assure que cela t'aidera à éviter de t'enfoncer davantage. C'est comme être dans du sable mouvant, plus que tu paniques et bouges, plus que tu t'enfonces. Il en est de même s'il t'arrive de te perdre en forêt. La règle de sécurité numéro un (1) c'est de rester calme. Si tu es d'accord avec moi, je parie que tu te demandes comment avancer quand tout semble s'effondrer autour de toi, n'est-ce pas ?

Il existe une grande variété d'activités que tu peux pratiquer pour retrouver ton calme. Le secret, c'est de découvrir celle qui te convient le mieux. Il est aussi essentiel de tenir compte des circonstances dans lesquelles tu te trouves. Pour cela, il est important d'acquérir des connaissances tout en explorant différentes approches. Je te recommande même d'identifier des stratégies spécifiques pour des situations précises. Par exemple, si tu es au bureau, dans une salle fermée, en voiture ou dans un autobus, il ne sera pas toujours possible de sortir marcher pour te détendre. Dans ces cas-là, d'autres options plus discrètes et accessibles peuvent être plus adaptées. Cependant, tu peux écouter de la musique, faire un dessin, écrire une histoire ou même pratiquer la respiration contrôlée.

Je te recommande fortement d'essayer les différentes stratégies lorsque tu es dans une période calme. Si tu n'as jamais pratiqué la respiration contrôlée, tu risques de trouver cette technique inefficace et même ridicule en essayant de l'appliquer pour la première fois lors d'une crise de panique ou d'anxiété. Tu peux être sceptique au sujet de la respiration contrôlée puisqu'on respire naturellement dès la naissance. En effet, mais pense à un coureur de marathon. Penses-tu que la technique qu'il utilise est la même qu'un coureur de courte distance ? Maintenant, pense à un joueur de saxophone ou d'un autre instrument à vent. Penses-tu qu'il a besoin de pratiquer sa respiration pour une meilleure maîtrise de son instrument ? Je me souviens qu'un jour mon professeur de musique m'a informé qu'il devrait bien contrôler sa respiration pour bien jouer un certain passage sur le piano qui n'est même pas un instrument à vent.

En somme, une bonne maîtrise des techniques de respiration te permettra de réduire le risque de prendre une mauvaise décision. Elle pourra te permettre de passer à l'étape suivante.

2-Reconnaître ton émotion

Au prime abord, Tout d'abord, la première étape dans ce face-à-face consiste à reconnaître quelle est l'émotion forte que tu vis. « *Il n'est pas toujours facile d'identifier les émotions que nous ressentons. Parfois, nous pensons être fâchés alors que nous sommes tristes; d'autres fois, c'est le contraire.* »

Trois éléments pour reconnaître ton émotion

Il t'est certainement déjà arrivé de te sentir tellement submergé par tes émotions au point que tu as eu l'impression de ne plus avoir le contrôle sur tes pensées, ton corps ou même ton comportement. En effet, différents états émotionnels déclenchent différentes réactions sur ces trois éléments: ta pensée, ton corps et ton comportement.

1. **Ta pensée**: Il est primordial de saisir comment une émotion s'ancre dans notre pensée dès le départ. Est-ce que tu penses que ta situation est trop dure? C'est peine perdue parce que tu ne pourras jamais y arriver? Peut-être ce sont des idées méchantes qui te montent à l'esprit? Par exemple, la tristesse peut t'amener à penser que ta situation est trop difficile à surmonter, tandis que la colère t'amène à nourrir des pensées haineuses.

2. **Ton corps**: Il faut prendre conscience de la manière dont l'émotion agit au niveau de ton corps. Est-ce que tu ressens une boule dans ta gorge? Peut-être que ton cœur bat plus vite? Tu as froid et tu trembles ou tu as chaud au point de transpirer abondamment. Par exemple, lorsque tu es surpris ou que tu as peur, ton cœur aura tendance à battre très vite. Tu pourrais même ressentir une chaleur soudaine dans ton corps.
3. **Ton comportement**: Comment cette émotion influence-t-elle ton comportement ? Génère-t-elle en toi une forte envie de te mettre en boule et de rester seule? Peut-être que tu as envie de te faire prendre dans les bras rassurants d'une personne de confiance. Quand tu es triste, il est possible que tu aies envie de rester seul tandis que dans la joie, tu débordes d'énergie. En plus, tu te permets d'insulter, de faire de l'intimidation et même de poser des gestes inappropriés et regrettables envers toi-même ou les autres.

Il est important de noter que nous n'exprimons pas toutes les mêmes émotions lors d'une situation donnée. De plus, la capacité de reconnaître ses émotions n'est pas quelque chose de naturel pour nous tous. Certaines personnes auront besoin un peu d'aide pour arriver à effectuer cet exercice. Surtout, sois patient avec toi-même et n'hésite pas à demander de l'aide.

3-La concrétisation de l'émotion

Dans cette étape, le but est de te détacher de l'émotion que tu ressens en toi. Une des façons que je m'y prends lors de mes interventions, c'est d'inviter l'élève à dessiner sur une feuille l'émotion qu'il ressent. Si tu le désires, tu peux aussi effectuer cet exercice. Sache que tu es libre de lui donner la forme désirée et de la colorier de la couleur de ton choix. Je t'encourage même à lui donner un nom par exemple. Mme Anxo ou M. Peurly. Peut-être trouves-tu mes choix de noms un peu niaiseux, c'est correct. N'oublie pas que l'objectif, c'est de te séparer de l'émotion qui est en toi pour mieux l'apprivoiser. Si le fait de le rendre anodin facilite la tâche, tant mieux.

Certaines personnes peuvent même choisir d'inviter Mme Anxo ou M. Peurly à venir s'asseoir à côté d'elles pendant qu'elles le questionnent pour mieux faire connaissance. En suivant ce processus, tu seras en mesure de comprendre à quel moment l'émotion que tu combats fait surface dans ta vie. Ensuite, tu procèdes par l'exploration des pensées que cela génère dans ton cerveau, ainsi que le comportement que tu as tendance à adopter lorsque cela se produit. Si tu ne l'as jamais remarqué, tes émotions influencent tes pensées et vice versa. Ainsi, par ricochet, ils vont avoir un impact dans ta relation avec ceux de ton entourage, que ce soit au travail, à la maison, à l'école ou ailleurs.

Le concept d'acceptation dans une perspective biblique

Au début de ce chapitre, je t'ai raconté l'histoire d'un homme riche qui a perdu son fils, nouveau-né. Même si tu n'es pas un parent, tu peux tout de même imaginer la douleur qu'a dû vivre ce père. Toutefois, sa réaction aux nouvelles du décès de son fils t'a sûrement pris par surprise. Cependant, il ne s'agit pas d'une histoire inventée. En effet, il s'agit de l'histoire d'un personnage très connu dans la bible. Si tu es familier avec les écritures peut être tu l'as déjà deviné. Oui, il s'agit d'un épisode dans la vie de David qu'on peut trouver dans 2 Samuel 12.15-23.

Pour te mettre dans le contexte, David devenu roi a commis l'adultère en couchant avec Bath-Schéba, la femme d'un de ses fidèles soldats tandis que ce dernier était à la guerre. Apprenant que celle-ci est tombée enceinte, David a tenté par plusieurs moyens de dissimuler son péché. En dernier ressort, il a carrément chuté en préparant le meurtre d'Uri, le mari de Bath-Schéba. En dépit de cette faute grave, Dieu par l'intermédiaire du prophète Nathan déclara à David qu'il ne mourra pas, toutefois, cet enfant qui a été conçu dans le péché, n'aura pas la vie sauve.

Il est important de noter dans cette histoire que David savait que son fils allait mourir avant même que cela arrive. Dans un tel contexte, certains pourraient affirmer qu'il est logique que David ne soit pas touché par la nouvelle du décès de son fils. Je ne suis pas de cet avis. Combien de fois nous est-il arrivé d'être tout de même déçus tandis que nous connaissions l'issu d'une situation quelconque ? Il y a plusieurs années de cela, le fait que je savais que ma grand-mère atteinte de la démence n'avait pas beaucoup de temps à vivre n'a pas pour autant rendu son deuil facile pour moi. Tu as sans doute vécu une situation similaire pour ne pas dire, plusieurs. En dépit de ce diagnostic reçu, de cette situation difficile dans laquelle tu te retrouves, tu espères qu'après une nuit de sommeil le résultat sera peut-être différent. Tu t'es peut-être répété ces mots d'encouragement : « tant qu'il y a de la vie, il y a de l'espoir. »

Il en fut de même pour David qui espérait que Dieu pourrait changer d'avis au sujet de la sentence prononcée à l'égard de son fils. Tout comme j'ai déjà été témoin des membres de famille qui priaient au pied du lit d'un parent proche tandis que ce dernier se trouvait dans un stade avancé du cancer. Ils espéraient que Dieu dans sa grande compassion pourrait changer le cours de la situation. Voilà pourquoi David jeûnait et priait, même si l'enfant était né dans un état de santé précaire, ce qui rendait sa survie impossible. Bien qu'il fut un guerrier redoutable, David était également un homme doux et aimable. En lisant son histoire, on découvre facilement l'amour profond qu'il a toujours porté à ses enfants.

« Comment oserons-nous lui dire: l'enfant est mort? » Tel fut la crainte des serviteurs de David. Toutefois, ils n'ont pas eu à ouvrir la bouche ni à se gratter la tête pendant longtemps puisque David a pu deviner par leur comportement que l'enfant n'était plus. C'est à ce moment que débutait le processus d'acceptation de David. Il ne chercha pas à éviter la question et questionna ses serviteurs en leur demandant directement: « L'enfant est-il mort? » En posant la question, David adopta une aptitude combative qui est contraire à l'évitement.

Par son comportement et la manière dont il a réagi à la réponse à la question concernant l'état actuel de son fils, je crois que tu seras d'accord avec moi pour dire qu'il était calme. Quelle stratégie a-t-il utilisée, je n'en suis pas sûr ? Cependant, il a été en mesure de retrouver son calme après avoir passé plusieurs jours à pleurer. En revanche, il ne faut pas croire que David n'était plus triste pour autant. Peu importe l'état émotionnel que nous ressentons en raison d'une situation quelconque, nous pouvons avoir accès à des sentiments qui nous rapprochent du bonheur. David a fait preuve de cette capacité à ressentir de la tranquillité en dépit de son deuil.

Pour y arriver, il te faut premièrement reconnaître l'émotion qui t'envahit, ensuite, il faut l'accepter comme un processus naturel ne cherchant pas à le combattre. Deuxièmement, utilise ta mémoire pour accéder à tes expériences passées[30] qui sont positives. Bien que la tristesse te submerge, n'hésites pas à plonger dans tes

---

[30] Patrick Zimmerman, « How emotions are made », *Behavioral Research Blog*, 11 mai 2023, consulté le 1 décembre 2023. https://noldus.com/blog/how-emotions-are-made

souvenirs heureux passés. Tu ressentiras plutôt un sentiment de réconfort qu'une déprime.

Cependant, dans le cas de David, nous ne pouvons pas dire qu'il avait accès à des souvenirs de bonheur passés avec son fils qui n'a vécu que sept (7) jours. Que faire dans une telle circonstance?

Savais-tu que nos sentiments ne sont pas seulement influencés par nos expériences passées, mais aussi par nos attentes futures[31]? Nous pouvons avoir de la difficulté à ressentir de la joie à l'avance parce que nous ne l'avons pas encore vécue. Cependant, la foi permet d'espérer des choses positives. David, jeûnait, priait, pleurait pendant que l'enfant était encore en vie. Il se leva et mangeât à la nouvelle de sa mort. Il accepta le fait qu'il n'avait plus le contrôle sur le résultat de la situation qui était à présent une chose passée. Toutefois, David pouvait se tourner vers une espérance future. C'est pour cela qu'il déclara dans 2 Samuel 12:23 - « *Maintenant qu'il est mort, pourquoi jeûnerais-je? Puis-je le faire revenir? J'irai vers lui, mais il ne reviendra pas vers moi.* »

---

[31] Patrick Zimmerman, « How emotions are made », *Behavioral Research Blog*, 11 mai 2023, consulté le 1 décembre 2023. https://noldus.com/blog/how-emotions-are-made

À retenir

Lorsque tu entames le processus d'acceptation, cela ne veut pas dire que tu deviens immunisé contre les sentiments douloureux. Cela ne veut pas dire que tu deviens insensible par rapport à ce qui se passe autour de toi. Cela ne veut certainement pas dire que tu te résignes à ton sort. Le processus d'acceptation te permet d'être honnête avec toi même, de reconnaître qu'il y a des choses que tu peux contrôler et il y a d'autres que tu ne peux pas. Le plus vite que tu t'en rends compte, le plus vite que tu peux reprendre le contrôle de plusieurs aspects de ta vie. Tu le fais pour que tu puisses continuer ton cheminement personnel vers des sommets élevés.

À QUOI PENSES-TU?

Par un après-midi d'été, je me suis rendu à l'église pour une activité de jeunesse. En m'approchant de l'entrée principale, j'ai aperçu un des jeunes adultes assis sur les marches de l'escalier. Habituellement, cela ne m'aurait pas vraiment interpellé. Il est habituel de croiser des groupes de jeunes de son âge qui se rassemblent sur la plateforme de l'escalier pour échanger des propos. Par ailleurs, non loin de lui, des adultes se regroupaient également en petits cercles de discussion, échangeant des idées de manière informelle. Toutefois, ce jour-là, j'ai eu l'impression qu'il n'était pas dans ses états normaux. D'abord ce jeune homme était assis seul, lui qui est toujours accompagné. Ensuite, sa posture me laissait croire qu'il voulait délibérément tourner le dos à tout ce qui se passait autour de lui. On dirait même qu'il s'était fait une carapace invisible.

En fait, il m'aurait été facile de continuer ma route, mais je me suis senti poussé à lui parler. Il est important de souligner que ce jeune homme ne m'était pas inconnu.

Nous étions tous deux membres du club des explorateurs, où j'assurais un rôle de mentor à son égard. De ce fait, en voyant l'expression de son visage, je pouvais déduire que quelque chose n'allait pas bien. Il semblait visiblement passer par un moment difficile qui l'avait plongé dans une période de réflexion profonde. De manière stratégique, je me suis approché doucement à côté de lui en posant cette question: « à quoi penses-tu? » Perdu dans ses pensées, il ne s'était pas aperçu de ma présence et sursauta légèrement au son de ma voix. Il a pris quelques secondes pour se ressaisir avant de me répondre avec un sourire un peu forcé: « à rien. »

Prenons un instant pour réfléchir à cette réponse. Tout comme moi, peut-être avez-vous remarqué que fort souvent, lorsqu'on vous demande « comment ça va », d'un automatisme naturel vous avez peut-être répondu que « ça va bien ». Ce même si ce n'est pas le cas. Je serai le premier à admettre que cela ne me tente pas nécessairement de parler de mes problèmes personnels au premier venu. Aussi, je n'ai pas souvent l'impression que mon interlocuteur a vraiment un désir profond d'écouter mes déboires par leur salutation qui est plutôt une marque de politesse. En ce qui concerne notre ami, je ne savais pas trop ce qu'il attendait de moi après sa réponse succincte. Peut-être qu'il souhaitait que je m'éloigne pour qu'il puisse se perdre dans ses pensées, ou alors il espérait que je lui prête attention.

Ce jour-là, j'ai choisi d'être une personne aidante auprès de ce jeune homme. Dans un élan je me suis assis à côté de lui en lui répondant « Intéressant. » De manière sarcastique, j'ai tenté d'imiter sa posture tout en fixant au loin, dans la direction qu'il semblait regarder plus tôt. Il n'était pas trop surpris de mon geste puisqu'il était habitué à ce que je fasse des blagues. Avec un sourire, il me posa cette question: « qu'est-ce que tu fais chef Ralph ? » « Eh bien, j'essaie de faire comme toi. J'essaie de ne penser à rien. J'ai essayé plein de fois par le passé, mais ça ne marche jamais pour moi. Est-ce que tu peux me montrer comment tu fais pour ne penser, à rien ? »

Je suis sûr qu'il vous est déjà arrivé de trouver quelqu'un dans une position pensive, soit assis, soit allongé tandis que leurs yeux semblent fixés au loin. Peut-être qu'il s'agit d'une personne avec qui vous travaillez et qui se trouve assise dans ton bureau. Il se pourrait que cela soit vos enfants, votre époux, un ami ou un amoureux. J'ai la certitude que vous avez été cette personne à qui on a posé cette question: « à quoi penses-tu ? » Tout comme mon ami dans cette histoire, ta réponse a peut-être été : « à rien ! » Lorsqu'on y réfléchit un peu, est-ce vraiment possible de ne penser à rien ?

Selon les recherches scientifiques, la réponse est non. « *Aucun être humain ne peut se vider complètement l'esprit de toute pensée, même les moines bouddhistes tibétains les plus entraînés à cet exercice!* [32] » Il en est aussi

---

[32] Kheira Bettayeb, « Est-il possible de ne penser à rien du tout ? », *SCIENCE&VIE*, 28 avril 2022, consulté le 30 décembre 2023, https://www.science-et-

le cas même pour ceux qui pratiquent la méditation ou la pleine conscience qui dirigent habilement leur pensée vers une image, une parole, leur respiration ou même une partie de leur corps. En faisant cela, ils arrivent non pas à faire le vide, mais plutôt à avoir un meilleur contrôle sur le flux de leurs pensées. Il est clair que tant que notre cerveau est en marche, qu'on soit conscient ou non, je pense qu'on ne peut pas vraiment ne penser à rien. Cependant, comme je l'ai mentionné plus tôt, nous pouvons avoir un certain contrôle sur nos pensées sans qu'on se donne à la rigueur des pratiques des moines bouddhistes.

Comment définir la pensée?

«*Souvent opposée à la volonté et au sentiment, la pensée est définie par Platon comme un dialogue de la raison avec elle-même. Elle est pour Descartes « tout ce que ce qui se fait en nous de telle sorte que nous l'apercevons immédiatement en nous-mêmes ». Elle est donc un synonyme possible de la conscience*[33]». Je dirais que notre capacité de penser est comme une porte qui s'ouvre vers un monde auquel nous seuls pouvons accéder. Tous les

---

vie.com/questions-reponses/est-il-possible-de-ne-penser-a-rien-du-tout-10636.html

[33] « PENSÉE », *Philosophy Magazine*, consulté janvier 2024, https://www.philomag.com/lexique/pensee#:~:text=Souvent%20oppos%C3%A9e%20%C3%A0%20la%20volont%C3%A9,synonyme%20possible%20de%20la%20conscience.

personnages réels et fictifs sont soumis à la latitude de notre imagination. Dans notre esprit, nous jouons simultanément les rôles de narrateur et d'acteur dans les différentes scènes qui s'y déroulent. Malheureusement, nous n'avons pas toujours le contrôle de ces différents scénarios qui défilent constamment. Bien que nos pensées restent privées, leur influence sur nos émotions et nos actions est manifeste dans le monde extérieur. Elles peuvent nous élever ou nous abattre. J'ai le fort sentiment que, la plupart du temps, nous alimentons plutôt les pensées négatives que les positives.

Que faire pour combattre les mauvaises pensées?

Lors de mes séances thérapeutiques avec certains élèves qui font face à des pensées négatives, j'aime utiliser ce proverbe chinois: « On ne peut empêcher les oiseaux noirs de voler au-dessus de nos têtes, mais on peut les empêcher d'y faire leur nid. » Tout comme je fais avec les élèves que je rencontre dans mon bureau, j'aimerais te poser quelques questions. Est-ce qu'il t'arrive parfois de prendre une marche soit en forêt, soit au parc, ou autres endroits dans la nature? J'ai la certitude que ta réponse est « oui » pour au moins un de ces endroits mentionnés. Dans ce cas, t'est-il déjà arrivé d'observer des oiseaux noirs qui volaient dans le ciel? Il se pourrait que tu n'aies jamais remarqué spécifiquement des oiseaux noirs, mais tu as certainement déjà vu voler des oiseaux dans le ciel. Maintenant, j'aimerais t'inviter à réfléchir un peu à cette prochaine question. Si l'un de ces oiseaux décidait de voler au-dessus de ta tête, est-ce que tu serais en mesure de l'en empêcher? Certainement pas! Qu'ils soient très haut dans le ciel ou seulement à quelques mètres, tu ne serais pas en mesure de l'empêcher de voler au-dessus de ta tête. D'ailleurs, il se pourrait que tout comme moi, tu aies déjà reçu sur la vitre de ta voiture ou même sur ta tête ou peut-être tes épaules, des petits cadeaux blancs de leur part. Je crois que tu peux deviner ce que je veux dire par « petits cadeaux blancs ». Maintenant, imagines que l'un de ces oiseaux décide de faire un chez-soi en bâtissant un nid sur ta tête. Ma question pour toi est: est-ce que tu serais en mesure de l'en empêcher? J'espère que tu as répondu oui. Franchement, j'ai vu des gens se promener avec différents styles de chapeaux ou de coiffure sur leur tête, mais je n'ai jamais vu une personne qui se promenait avec un nid d'oiseau sur sa tête.

    Cette comparaison vise à te faire comprendre que, tout comme tu ne peux pas empêcher les corbeaux de survoler ta tête, tu ne peux pas non plus arrêter les pensées négatives de surgir dans ton esprit. Cependant, tout comme tu peux les empêcher de construire un nid sur ta tête, tu peux aussi empêcher ces pensées négatives de s'y installer et de s'y enraciner. Il s'agit d'un processus difficile, mais c'est possible. En prenant conscience que cette option existe, tu as fait une avancée majeure qui te donnera ta capacité de maîtriser tes pensées.

Le concept de fusion et défusion

Être capable de considérer d'une nouvelle manière les pensées et croyances négatives (malsaines), en les observant par exemple sans s'y embourber, ou en les laissant partir. Cela implique de voir les pensées pour ce qu'elles sont, et non ce qu'elles disent être. [34] Nous pouvons apprendre à considérer les pensées comme des mots ou des images mentales, sans agir sur elles.

FUSION

Connais-tu l'histoire de l'aigle qui a grandi avec les poules?

Un jour, un fermier qui se promenait dans la forêt trouva un œuf dans un nid abandonné. Il décida alors de l'amener à la ferme et le plaça parmi les poules couveuses. Au bout de quelque temps, sort un petit aiglon. D'un naturel, l'oiseau s'attacha à la poule comme si elle était sa mère.

Au bout de quelques mois, l'aigle avait atteint sa taille adulte. Il avait des ailes immenses et majestueuses. De son regard perçant, il lui arrivait souvent de contempler de loin les montagnes et l'étendue du ciel bleu. Toutefois, il continuait de se déplacer sur ses pattes comme une poule. Il faisait tout comme une poule. Il

---

[34] **Joseph Ciarrochi et al.** "Deviens maitre de ta vie" (2014, p.65).

restait enfermé derrière une clôture pas plus haut que deux (2) mètres parce qu'il pensait être une poule.

Malheureusement, il en est de même pour beaucoup de gens. Non pas qu'elles se prennent pour des poules, mais elles ont une attitude qui reflète celle de l'aigle. Elles sont incapables d'atteindre leur plein potentiel parce qu'elles continuent de nourrir une fausse pensée de leur personne. « *Il y a fusion cognitive lorsque l'individu est prisonnier de ses pensées*

et qu'elles déterminent son comportement. [35]»

Dans le concept de la psychologie, il faut toujours prendre en considération "l'inné et l'acquis." L'inné, c'est tout ce qu'on hérite de nos parents, ce qui est dans nos gènes. D'un autre côté, ce que nous avons acquis dépend surtout de la façon dont notre environnement nous a façonnés au fil du temps. Si nous retournons à l'histoire de l'aigle, bien qu'il ait été couvé par une poule, génétiquement il a hérité les traits physiques de ses parents biologiques. Dans le contexte de l'acquis, nous ne décidons pas de la famille, de la nation ou société dans lesquelles nous souhaitons naître ou même grandir. L'aigle a grandi avec des poules et s'est "fusionné" avec la pensée qu'il était une poule. Il en est de même pour chacun de nous aussi. Si, en grandissant, on t'a toujours

---

[35] *DÉFUSION VS FUSION COGNITIVE*, PDF, consulté le 4 août 2025, https://tccmontreal.files.wordpress.com/2021/06/actngodionne.pdf.

dit que tu étais « stupide » ou que « tu ne feras jamais rien de ta vie », il y a de grandes chances que tu aies développé une faible estime de toi-même. Cela peut réellement entraver ta progression vers des objectifs audacieux, surtout si tu as laissé ces pensées négatives s'enraciner. Si tel est le cas, tu es tombé dans le piège de ce qu'on appelle dans ACT, « la fusion cognitive ». « *C'est comme si les mots et les histoires fusionnaient avec notre expérience du monde, comme si nous étions condamnés à voir le moment présent à travers les lentilles des pensées produites par nos têtes si bavardes* [36] ». Dieu merci, nous ne sommes pas condamnés à demeurer ainsi puisque s'il y a fusion, il y a aussi défusion.

DÉFUSION

Dans l'étape de défusion, il n'est pas nécessaire de se casser la tête. Fort souvent, nous cherchons des stratégies complexes tandis que la solution est simple. Cela ne veut pas dire pour autant que c'est un processus qui est facile à surmonter. Tout d'abord la défusion ne consiste pas à essayer de se débarrasser d'une pensée. Elle consiste tout simplement à la voir pour ce qu'elle représente. Les pensées sont tout simplement des mots et des images qui se forment dans notre esprit, mais qui

---

[36] Benjamin Schoendorff, « La fusion cognitive : Quand les pensées de notre "esprit singe" contrôlent notre vie », *Institut de psychologie contextuelle*, consulté le 24 février 2024, https://contextpsy.com/project/benjamin-schoendorff/

ne sont nullement ce que nous sommes réellement (Dr Russ Harris, 2021) [37]. Généralement, nous cherchons par tous les moyens de gagner la bataille contre nos pensées négatives tandis que le secret de la victoire se trouve à lâcher prise. Eh oui, ce qu'il faut faire c'est d'arrêter de se battre.

As-tu déjà remarqué que, plus on s'efforce de chasser une pensée de notre esprit, plus elle persiste ? Pour vérifier, faisons une expérience. Pense à un cornet de crème glacée. Pense à ta saveur préférée. Maintenant, imagine qu'on y ajoute deux grosses boules sur ton cornet. Vois-tu ton beau cornet de crème glacée, bien savoureux ? Maintenant, arrête d'y penser pendant les 15 prochaines secondes... As-tu réussi ? Probablement pas ! Il en est de même pour nos pensées. Il est fort difficile de s'en débarrasser. Je t'invite à explorer avec moi les différentes stratégies gagnantes.

Les pensées ne sont que des mots

« Les pensées viennent de nulle part et de partout. Quand je dis « de nulle part », je fais allusion au fait que ces réflexions apparaissent dans notre tête ou se traduisent en paroles qui sortent naturellement. [38] » Lorsque les pensées

---

[37] Dr Russ Harris "Le Piège du bonheur : arrêtez de vouloir être heureux à tout prix et vivez enfin pleinement" (2021, p.57).

[38] Samantha Thom, « D'où viennent les pensées ? », *Je veille sur mon cœur*, consulté le 2 mars 2024,

négatives surgissent de nulle part comme d'un vieux souvenir, il faut te questionner sur son utilité ou son efficacité pour t'aider à améliorer ta vie. Demande-toi, si cette pensée peut t'aider à être la personne que tu souhaites devenir. Si tel est le cas, tu t'y accroches très fortement. Dans le cas contraire, prépare-toi à entamer le processus de défusion pour ne pas succomber à ses pièges.

Les pensées nous viennent aussi de partout *« parce que les formes et la dynamique de la pensée sont influencées par tout ce qui a un lien causal avec nous, notre société et notre espèce.[39] »* Que ce soit voulu ou non, les commentaires de nos parents, de notre famille ou d'autres personnes autour de nous peuvent souvent nourrir des pensées négatives dans notre esprit.

Néanmoins, que ces pensées surviennent de nos souvenirs ou d'un contact direct avec les gens qui nous entourent, nous avons le pouvoir de les examiner et de les considérer pour ce qu'ils sont, simplement des mots. Faisons un petit exercice. Si je te dis qu'en te réveillant ce matin, tu as reçu le pouvoir de voir à travers les murs. Présentement, je t'invite à fermer tes yeux pendant 5 secondes et penser très fort à ce pouvoir... Maintenant

---

https://jeveillesurmoncoeur.com/blog/dou-viennent-les-pensees/

[39] Samantha Thom, « D'où viennent les pensées ? », *Je veille sur mon cœur*, consulté le 2 mars 2024, https://jeveillesurmoncoeur.com/blog/dou-viennent-les-pensees/

ouvre les yeux, est-ce que tu peux voir à travers les murs? Si tu as répondu non, c'est sûrement parce que 5 secondes, ce n'était pas suffisant. Penses-tu que si tu refermes les yeux et y penses pendant plus longtemps, tu pourras y arriver? Bien sûr que non. Alors, explique-moi pourquoi si quelqu'un te dit que tu es « stupide » ou que tu es « un bon à rien » tu en fais une vérité. Parfois, tu crois tellement à ces commentaires dénigrants au point d'adopter un comportement comme si c'était le cas. Peut-être tu penses maintenant à une situation particulière, un moment où tu as commis une erreur. Nous faisons tous des erreurs, mais cela ne nous définit pas. Tu peux au contraire utiliser cette expérience pour apprendre et pour t'améliorer. Bien sûr il faut être intentionnel dans ton approche pour y arriver.

Donner une voix à ta pensée

Une autre façon de traiter une pensée négative, c'est de la verbaliser à haute voix en imitant un personnage de bande dessinée ou la voix d'un acteur célèbre, par exemple Bugs Bunny ou Terminator. Tu peux même faire l'expérience en essayant de chanter cette pensée sur un air musical populaire. Si tu penses que ça fait drôle comme stratégie, justement c'est l'objectif même de cet exercice. De t'amener à ne pas prendre au sérieux ces pensées négatives qui surviennent surtout lors des autocritiques.

Cependant, « si une pensée négative arrive à te motiver, n'hésite pas à t'en servir. »[40] Je me souviens d'un échange avec un de mes bons amis, il y a de cela plusieurs années. Lors d'une de ses visites chez moi, nous avions décidé de nous rendre à la piscine pour nager. Au moment où je m'apprêtais à sauter dans l'eau, j'ai entendu cette voix qui criait: « Wow! Tu as un gros ventre. » Pour éviter que tu te demandes ce qu'il voulait dire, laisse-moi t'informer que nous avions l'habitude de nous taquiner l'un et l'autre. Par conséquent, je n'ai ressenti aucune gêne ou surprise.

Bien sûr, il n'avait pas tort. Il est vrai que, depuis notre rencontre pendant nos années au lycée, il me percevait comme une personne très active. Cependant, en tant que jeune père de famille et membre engagé de la jeunesse de mon église, je consacrais moins de temps à mon bien-être physique à cette époque. Mon ami, qui connaissait bien mon emploi du temps chargé, a osé me dire : « Il faut t'y résoudre : ton ventre arrondi est là pour rester. Les kilos en trop ne disparaîtront plus comme avant. » Cette discussion m'a motivé à relever le défi de perdre mes poignées d'amour en seulement six semaines.

Le jour même, je me suis fait un programme intense qui incluait les exercices physiques ainsi qu'un régime alimentaire strict. En effet, au bout de 6 semaines,

---

[40] Dr Russ Harris "Le Piège du bonheur : arrêtez de vouloir être heureux à tout prix et vivez enfin pleinement" (2021, p.57).

j'avais perdu ma bedaine. Il est vrai que ce n'était pas bien défini comme une tablette de chocolat, mais mon ventre était plat. Si tu te trouves dans une telle situation, j'ai l'impression que tu serais curieux de savoir quel était mon secret. C'est simple, de l'exercice physique et un régime alimentaire strict. Bien que j'aie dit « simple », je n'ai pas dit que c'était facile. Le plus difficile c'était de garder ma motivation à un niveau élevé pendant 6 semaines. Eh bien, j'ai pu y arriver en utilisant les pensées négatives comme une source de motivation. Chaque fois que je ne sentais plus la force de continuer et que je voulais abandonner, je pensais aux paroles de mon ami « Tu as un gros ventre » « Tu ne pourras jamais le perdre. » Je me suis nourri presque quotidiennement de cette pensée négative pour me pousser à me dépasser. Je le murmurais dans ma tête ou à voix haute pendant que je m'entraînais, que ce soit sur le tapis roulant ou en faisant des abdominaux. De temps en temps, je le disais à haute voix, surtout quand la fatigue me gagnait et que j'étais sur le point de tout abandonner. Toutefois, cette approche ne convient pas à tous. Surtout si tu n'as pas une très bonne estime de soi. Si tu considères cette stratégie, je te recommande fortement de prendre connaissance d'abord de tes forces et de tes limites avant de l'adopter. Bien que j'aie utilisé cette pensée négative comme source de motivation, j'étais en mesure durant tout le processus, de me défusionner de celle-ci. Je savais qu'elle ne me définissait pas, mais plutôt une version de moi que je ne voulais plus être. Cette méthode ne convient pas à quelqu'un qui a des difficultés avec son estime de soi.

Les pensées dans une perspective biblique

Dès le début de l'histoire de la création, selon la bible, on peut remarquer que dans le livre de la Genèse au chapitre 3, la capacité de pensée fût à l'origine de la désobéissance de l'homme et de la femme. Je crois que tu seras d'accord avec moi si je dis que la tentation de manger de ce fruit qui semblait être tellement agréable à la vue et qui pouvait ouvrir l'intelligence a commencé au niveau de la pensée.

Quelle fut la source première de cette transgression? Est-ce que c'est l'arôme séduisant, l'aspect plaisant de ce fruit ou les paroles de scepticisme du serpent? Toutes ses stimulations sensorielles ont sûrement engendré des émotions et des sentiments contraires avant de se concrétiser en action. Depuis, cet acte de désobéissance a changé à jamais la relation rapprochée qui existait entre l'homme et son créateur.

Aujourd'hui encore, ces répercussions persistent et nous affectent tous. Que tu sois croyant ou non-croyant, une chose est sûre, nos pensées ne peuvent pas être considérées comme étant pures et irréprochables. Lorsqu'on se laisse dominer par nos émotions, nos facultés sensorielles non filtrées, nos pensées peuvent devenir très néfastes. Je dirais même, maléfique. Je veux croire que tu as nul doute que les pensées négatives ont une répercussion sur ta vie. De ce fait, il faut croire également qu'elles affectent aussi ta marche spirituelle. *"Si les pensées sont mauvaises, les sentiments le seront aussi; or, le mélange des pensées et des sentiments constitue le caractère. »* [41]

Est-ce qu'il t'est déjà arrivé que des pensées négatives surgissent dans ton esprit tandis que tu étais en prière? Tu peux t'éloigner d'une personne qui a une influence négative dans ta vie. Tu peux faire l'abstention des réseaux sociaux pour une période indéterminée. Tu peux même t'isoler loin de toutes les distractions, mais tu ne pourras jamais fuir tes pensées. Est-ce que cela veut dire pour autant que tu es à la merci de tes pensées? N'oublie pas que celles-ci ne sont que des mots. Des mots qui sont alimentés par nos émotions et nos sens. Des mots qui peuvent nous élever vers un idéal noble et qui peuvent aussi nous aplatir. Des mots qui peuvent aussi nous éloigner d'une relation intime avec notre créateur. Que pouvons-nous mettre en place pour que ces scénarios mentaux qui tournent en boucle ne déterminent pas notre véritable essence en tant que personnes? D'abord, il faut reconnaître que nos pensées peuvent avoir un contrôle sur nous.

1- Reconnaître

Le fait que tu sois chrétien ne veut pas dire que tu as que des pensées pures. En effet, que tu sois un leader spirituel ou un simple membre, tes pensées ne sont pas

---

[41] Ellen G. White, *Pour un bon équilibre mental et spirituel*, vol. 2, https://m.egwwritings.org/fr/book/518.1549.

exemptes de jugement, de culpabilité, d'orgueil, de méchanceté et j'en passe. « *Les bonnes pensées, les objectifs purs et saints ne nous sont pas naturels. Nous devons faire des efforts pour les réaliser.* [42]» Nous sommes des êtres charnels en tant que tels nos pensées seront aussi charnelles. Cela ne veut pas dire que nous sommes incapables d'avoir des pensées positives, mais cela demande une très grande discipline. Lorsqu'on reconnaît l'impact que les pensées négatives peuvent avoir sur notre être tout entier, alors nous pourrons investir du temps pour rechercher les sources.

2- Source

La source de nos pensées négatives peut venir de l'intérieur « nulle part » tout comme de l'extérieur « de partout. » Fort souvent nous devenons fusionnés avec les pensées négatives qui suscitent un sentiment de culpabilité en nous au point que nous n'arrivons même pas à prier. Qu'il s'agisse d'une faute commise dans le passé ou récemment, nous avons souvent de la difficulté à nous en détacher, et cela en dépit des nombreuses fois que nous avons demandé pardon. Nous avons tous des pensées honteuses qui nous montent à l'esprit. De plus, comme ce fût le cas pour Ève dans le jardin d'Éden, Satan continue de nous souffler à l'esprit de mauvaises pensées. Malheureusement, on lui donne souvent

---

[42] Ellen G. White, *Pour un bon équilibre mental et spirituel*, vol. 2, https://m.egwwritings.org/fr/book/518.1549.

l'occasion de créer le doute en nous, et ça nous amène à céder à ses séductions.

Bien que le combat se fait à l'interne, la source provient des fois de l'extérieur. Qu'il s'agit d'un acte intentionnel ou inconsciemment, les paroles, les gestes des autres à notre égard peuvent être la source de nos pensées négatives. Combien de fois, as-tu laissé les commentaires d'une autre personne, définir ta relation avec ton créateur? Nombre de fois, j'ai été témoin des personnes, jeunes et adultes, qui se sont écartées d'un appel à servir parce que quelqu'un leur avait dit qu'ils n'étaient pas assez spirituels ou de bons modèles.

Défusion

Il est temps que tu entames le processus de défusion. Lorsque tu fais face aux sentiments de culpabilité en raison d'une faute commise, souviens-toi de ses paroles qui se trouvent dans 1 Jean 1.9 : « *Si nous confessons nos péchés, il est fidèle et juste pour nous les pardonner, et pour nous purifier de toute iniquité.* » Nous pouvons nous détacher de nos péchés lorsque nous reconnaissons nos erreurs et les remettons entre les mains de Dieu. La meilleure façon c'est de nommer notre faute. Dire « excuse-moi pour mes fautes » est beaucoup plus facile. Cependant, c'est lorsque tu es en mesure de prendre le temps de nommer ton péché, de dire à haute voix cette faute qui te hante l'esprit, c'est alors que tu seras en mesure de commencer ton processus de défusion. Tu seras en mesure de prendre conscience que cette pensée n'est pas toi. Cette faute commise n'est plus ce que tu es maintenant. Ce souvenir est ce que tu fus et non ce que tu es et encore moins, ce que tu seras.

Nombreux sont ceux qui pensent connaître les pensées de Dieu. Cependant Ésaïe 55. 8-9 nous dit: « *Car mes pensées ne sont pas vos pensées, et vos voies ne sont pas mes voies, dit l'Éternel. Autant les cieux sont élevés au-dessus de la terre, autant mes voix sont élevées au-dessus de vos voies, et mes pensées au-dessus de vos pensées.* » Ne laisse pas les commentaires d'une autre personne définir ta relation avec Dieu. Sache que leur pensée à ton sujet ne reflète pas celle de Dieu. « *l'homme regarde à ce qui frappe les yeux, mais l'Éternel regarde au cœur* » (1 Samuel 16.7). Si Dieu a fait appel à toi, c'est qu'il a un plan bien défini pour toi et pour toi seul. Lorsque les pensées négatives surviennent de l'intérieur ou de l'extérieur, tu dois faire usage de tous les moyens que Dieu a mis à ta disposition. Fais-en bon usage pour réduire l'impact des pensées négatives sur ta vie et surtout sur ta relation personnelle avec Dieu. Il est temps que tu reprennes le contrôle sur tes pensées.

Cultiver des pensées positives

Souviens-toi de l'analogie des oiseaux. Tu ne peux pas les empêcher de voler au-dessus de ta tête, mais tu peux les empêcher d'y faire leur nid. De même, tu ne peux pas empêcher les pensées négatives de jaillir constamment dans ton esprit, mais tu peux choisir lesquelles tu vas nourrir. Pour cela, tu dois mettre tous les moyens possibles qui sont à ta disposition pour cultiver tes pensées positives. Un petit conseil de

Philippiens 4.8 : « *portez vos pensées sur tout ce qui est vrai, tout ce qui est honorable, tout ce qui est juste, tout ce qui est pur, tout ce qui est digne d'être aimé, tout ce qui mérite l'approbation, ce qui est synonyme de qualité morale et ce qui est digne de louanges.* » Cultiver des pensées positives, ça prend de la discipline. C'est un choix qui doit être intentionnel. Certaines personnes sont en mesure d'y arriver par elles-mêmes. Toutefois, d'autres ont besoin de quelqu'un pour les accompagner dans ce processus.

Ce jeune homme au début du chapitre qui était assis sur les marches de l'escalier s'était retiré de la présence des autres, parce qu'une personne lui avait fait une remarque négative. Dans un moment de faiblesse qui pourrait être relié à une faible estime de soi, les remarques défavorables provenant de cette source extérieure ont pris racine dans son esprit. Durant le temps que j'ai passé avec lui, j'ai pu l'aider à nommer la pensée qui le bouleversait, identifier la source, se détacher de la pensée négative pour rediriger son esprit vers les pensées positives. Comme je le connaissais déjà, il m'a été simple de mentionner plusieurs de ses qualités, ce qui a contribué à chasser sa tristesse et à lui redonner le sourire.

Toi aussi tu peux y arriver. Ne regarde pas le nombre de fois que tu n'as pas réussi, mais plutôt le nombre de fois que tu t'es relevé. Ce qu'il faut toujours te rappeler, tu n'es pas forcé de combattre seul. Il est permis de demander de l'aide. D'abord à Dieu ensuite à des personnes qualifiées qu'il a mises à ta disposition.

POURQUOI SUIS-JE DANS CE MONDE?

J'ai le fort sentiment que je ne suis pas le seul qui se soit posé cette question philosophique. Peut-être tu l'as formulé autrement, comme: « Pourquoi j'existe? » « Qui suis-je? » « Quel est le but de ma vie? » Il s'agit bien entendu des questions qui ont déjà fait couler beaucoup d'encre. Des questions qui semblent surgir davantage lorsque nous faisons face à des situations difficiles qui mettent en jeu notre confiance en soi. Tout ceci affecte notre estime de soi, nous laissant avec l'impression de n'être pas comprise ou même un sentiment de rejet pour qui on est.

Cependant, toutes ces questions qui font généralement référence à notre existence sur cette terre ne sont pas sans réponse. Je suis certain que tu es familier avec plusieurs théories qui ont été formulées sur l'existence des êtres humains. Néanmoins, qu'il s'agisse du « Big bang », ou de « l'évolution », aucune d'entre elles ne semble être en mesure de répondre de manière précise à ces questions existentielles, encore moins sur le point individuel. Attention! Je ne prétends pas avoir la réponse. Je dis ceci du fait que nous sommes tous uniques. Nos gènes sont codés génétiquement différents. Nous avons des vécus différents, nous réagissons différemment aux circonstances de la vie. Si je compare notre vécu à un livre, la naissance serait la page couverture et la mort, la page de dos. Toutefois, le contenu dépend de plusieurs facteurs.

En effet, chaque jour, il y a plusieurs facteurs variés qui auront un impact direct ou indirect sur notre vie personnelle, même ceux qui nous semblent communs. Cela ne dépend pas seulement de notre statut social, du fait d'avoir un bon travail, d'habiter dans une grande maison, de posséder la voiture de nos rêves. Il ne s'agit pas non plus d'un problème qui concerne seulement les adultes. Lors de mes interventions dans les écoles, j'ai remarqué que ce genre de questionnement se fait aussi par certains jeunes du primaire. Bien que de manière générale, ce sont des jeunes qui subissent le rejet des autres pour une raison ou une autre.

Toutefois, ce questionnement semble s'intensifier et prendre une plus grande place dans nos pensées au début du processus qu'on appelle l'adolescence. De nouveau, je me réfère sur mes expériences directes auprès de ces jeunes, mais aussi sur les recherches scientifiques qui présentent cette période de notre vie comme étant l'apogée de notre quête d'identité. Avec un développement cognitif plus développé, l'adolescence, processus qui nous sert de transition entre le monde des enfants et le monde des adultes, génère de grands questionnements sur la conception de soi. Entre autres, notre place dans ce monde, en tant qu'adulte en devenir, qu'il s'agit de carrière, de relation amoureuse ainsi que le questionnement des valeurs qui à ce jour ont été transmises par les parents.

Comment te perçois-tu dans ta propre vision ?

Nous avons tous des histoires d'enfance qui nous ont marqués amèrement. Qu'il s'agisse des commentaires au sujet de notre apparence, de notre intelligence ou autres, elles ont contribué à modeler notre personne. Je me souviens encore de ce commentaire négatif qu'une enseignante du primaire avait fait à mon égard. En regardant les photos de classe de cette année-là, elle s'est tournée vers moi pour dire qu'en raison de mes grands yeux et mon sourire un peu maladroit, j'avais gâché la photo. Pour un moment, cela a fait rire les camarades de classe, par contre, pour moi, ce commentaire m'a suivi jusqu'à l'âge adulte. Pendant longtemps, je vivais avec un concept de soi qui n'était pas positif. Je faisais de mon mieux pour éviter de me faire prendre en photo, craignant de les ruiner. Aux yeux de plusieurs, je projetais l'image d'une personne qui n'est pas très sociable, tandis qu'au-dedans je souffrais avec une faible estime de soi.

ON NE CHANGE PAS!

« *On ne change pas*
On met juste les costumes d'autres sur soi
On ne change pas
Une veste ne cache qu'un peu de ce qu'on voit »

Comment ça: on ne change pas? Les paroles de cette chanson de Céline Dion, peu sur le coup, nous sembler absurde. Il est évident qu'on change. Aujourd'hui, lorsque je me regarde dans un miroir, je n'ai plus ce corps sculpté de mes vingt ans. Non plus, ce corps maigrichon de mon enfance. Je peux en dire autant sur mon développement cognitif. Je suis devenu plus mature. Du moins, je crois! « *Lorsque j'étais enfant, je parlais comme un enfant, je pensais comme un enfant, je raisonnais comme un enfant; lorsque je suis devenu homme, j'ai fait disparaître ce qui était de l'enfant.* [43] » Je peux aussi dire qu'aujourd'hui, j'ai une meilleure compréhension de mes émotions que lorsque j'étais un enfant. Je suis sûr que tu seras d'accord avec moi si je dis que tu n'exprimes pas tes sentiments de colère de la même manière que lorsque tu étais un enfant. Idem pour tes moments de joie ou de la façon que tu vis tes moments de tristesse.

D'un autre côté, je ne puis m'empêcher de constater que tel qu'un narrateur, je suis en mesure d'observer l'histoire de ma vie à chaque période indistinctement, aussi loin que mes souvenirs d'enfance peuvent m'amener. Je suis sûr que tu es en mesure d'en faire de même - projeter comment tu pourrais être dans 5 ans, dans 10 ans ou même plus. Selon ma compréhension des paroles de la chanson, ce narrateur est le moi qui ne change pas ni en toi ni en moi. Il est une partie de cet enfant qui demeure identique et qui forme de lien conducteur tout au long de ton existence. Cette capacité de prendre du recul est ce qui m'a permis de me défaire du concept négatif que je m'étais construit en raison des commentaires désobligeants de cette

---

[43] 1 Corinthiens 13:11

enseignante. Je ne connais pas les détails de ton histoire, mais il est possible que certaines des pensées à ton sujet ne t'aident pas à développer une estime de soi solide. Souviens-toi que tu peux t'en distancier et souviens-toi aussi que tu es bien plus que ce que les gens et même toi pouvez penser.

Une autre chose que tu dois prendre en considération dans cette déclaration : « qu'on ne change pas! » Je crois que tu seras d'avis pour dire qu'il nous arrive de nous comporter comme si nous étions dans un jeu de rôle, en fonction de notre entourage. Il s'agit du concept de soi qu'on projette aux gens dans nos interactions de chaque jour. Par exemple, dans ton milieu de travail, tu aimerais sûrement que les gens puissent te voir comme une personne qui est très professionnelle et responsable. Toutefois, je me permets de dire que ce contenu peut s'ajuster lorsque tu seras dans un milieu qui te semble plus familial. J'aurais tendance à dire que le personnage projeté serait perçu comme aimant et aimable. Et dans une assemblée religieuse, l'effort serait mis davantage pour faire ressortir le côté spirituel. La conscience de ce concept de soi qui nous permet d'être malléables dans nos interactions peut nous aider à modifier la narration pour nous élever et non pour nous rabaisser.

Tu as du prix à mes yeux!

Un grand nombre d'individus dédie beaucoup de temps et d'efforts à l'accumulation de richesses dans l'espoir de trouver un sens à leur vie. Ils envisagent que leur fortune leur permettra de mener une vie joyeuse et prospère tout en ajoutant de la valeur à leur existence. Un concept de soi qui se prouve à ne pas être exacte. Vous connaissez sans doute le dicton: « *l'argent ne fait pas le bonheur* » ainsi que la réplique « *Sauf que cela peut aider.* » Il est vrai que la richesse peut aider à répondre à nos besoins de base selon la théorie de Maslow, mais nos possessions matérielles à elles seules ne suffisent pas pour nous permettre de mener une vie heureuse et épanouie. Je suis certain que tu as déjà entendu parler de nombreuses personnes célèbres et riches qui ont tragiquement décidé de mettre fin à leurs jours. Si le bonheur était uniquement déterminé par le montant d'argent sur un compte bancaire ou par la popularité, pourquoi ces personnes, qui étaient au sommet, ont-elles pris une telle décision ?

Bien qu'il existe de nombreux facteurs qui ont sans doute joué un rôle dans leur décision de mettre un terme à leur vie, je suis convaincu que leur succès visible n'a pas pu les aider à répondre à cette question existentielle. Elles n'ont pas trouvé de sens à leur vie, malgré leurs biens matériels. J'ose dire qu'elles n'ont pas compris que leur valeur ne se mesure pas qu'en argent ou popularité. Leur valeur personnelle ne se résume pas en une question de richesse, mais plutôt de leur véritable nature en tant qu'êtres vivants. « *L'homme! Ses jours sont comme l'herbe, Il fleurit comme la fleur des champs. Lorsqu'un vent passe sur elle, elle n'est plus, et le lieu qu'elle occupait ne la reconnaît plus* » (Psaumes

103.15,16). Fleurissons-nous aujourd'hui comme une fleur qui sera demain fanée et piétinée au sol ? La bonne nouvelle, ce n'est pas le cas. Toutefois, pour retrouver le sens de ta valeur dans ce monde et au-delà, tu dois choisir de t'éloigner des grandes théories de l'évolution qui ne puissent pas donner un sens à ta vie. Tu dois faire le choix de te tourner plutôt vers la parole inspirée qui te rassure que tu as été créé non pas pour mourir, mais pour vivre heureux et éternellement. Le concept de soi que tu dois prioriser dans tes pensées, c'est que tu es venu à l'existence aujourd'hui parce que tu as été créé par un Dieu rempli d'amour pour toi. Malheureusement, il y a plusieurs personnes qui se disent chrétiennes, mais qui continuent de souffrir mentalement et spirituellement parce qu'elles n'ont pas compris leur valeur ? « *Parce que tu as du prix à mes yeux, parce que tu es honoré et que je t'aime, je donne des hommes à ta place, et des peuples pour ta vie* » (Ésaïe 43.4). Dieu veut faire de toi une personne de valeur et heureuse. À toi d'en saisir l'occasion et de répondre à son invitation.

LA PASSION QUI ANIME TA VIE

Lorsque j'étais en primaire, il fût un temps, l'école finissait à midi tous les vendredis. Suite à une situation exceptionnelle, vers l'âge de 12 ans, j'avais reçu de ma grand-mère, la permission de retourner seul à la maison. Je ne sais pas exactement à quelle distance se trouvait notre demeure de l'école, mais cela me prenait environ 1 heure de marche pour la parcourir. Toutefois, lorsque j'ai découvert que tous les vendredis midi, on passait des films de Kong Fu à la télévision, mes pieds ont redoublé de vitesse pour réduire le temps de voyage. Je me hâtais d'arriver à la maison pour m'installer dans le salon devant la télévision. Généralement, j'arrivais à la deuxième moitié du film qui durait environ 1heure.

Aujourd'hui encore, je dois admettre que j'ai toujours une très grande passion pour les films de Kong Fu. De plus, j'ai une préférence aussi pour les films qui mettent en vedette des chevaliers. À m'entendre, tu pourrais croire que je suis un homme qui aime la violence. Pas du tout. Je ne dirai pas que je ne ferai pas de mal à une mouche puisque j'ai déjà mis fin à la vie de plusieurs. En revanche, je n'ai pas été mêlé à des disputes, hormis deux occasions où j'ai dû me tenir prêt à me défendre. Là encore, le malentendu a été désamorcé rapidement.

Alors, qu'est-ce qui m'attire dans ces genres de films? En prenant le temps de faire une introspection, ce que j'ai réalisé c'est que ces films projettent des valeurs que j'ai inculquées au plus profond de moi-même. Dans les films de Kung Fu, le héros est généralement en quête de justice à la suite d'une injustice faite à sa famille ou à ses amis. J'ai remarqué que la justice, la famille sont parmi mes valeurs les plus importantes. En ce qui concerne les films de chevalier, ce qui ressort pour moi c'est leur sens de loyauté. Peu importe l'épreuve, ils restent fidèles à leur mission et recherchent la justice pour les plus faibles. Encore une fois, la loyauté, la fidélité des valeurs qui me sont chères. Et toi! Si je te demande quelles sont les valeurs les plus importantes pour toi, seras-tu en mesure de facilement me les énumérer?

L'importance de connaître ses valeurs

Si tu n'as jamais eu l'occasion de penser aux valeurs qui te tiennent à cœur, ne te sens pas gêné. Tu n'es pas le seul dans ce cas. Beaucoup de gens n'ont jamais pris le temps de s'engager dans cette réflexion. Cependant, cela ne signifie pas que ces valeurs ne jouent pas un rôle dans ta vie. Il est important de réaliser qu'il existe une multitude de valeurs, dont plusieurs te sont précieuses. Ce qui est tout à fait normal. Toutefois, il est primordial de déterminer celles qui sont les plus significatives pour toi. Une façon d'y arriver, c'est d'identifier les choses les plus importantes pour toi dans la vie. Je t'invite à explorer cela dans différents domaines, notamment dans tes amitiés ou tes relations amoureuses. Tu peux aussi regarder au niveau de tes études, ta famille, ton emploi ainsi que dans ta vie spirituelle. Généralement, les valeurs te servent de source de motivation dans la manière dont tu veux être perçu aux yeux de tous.

La stabilité des valeurs

Si je me fie à certaines valeurs qui étaient importantes pour moi lorsque j'étais un enfant, je peux reconnaître qu'elles le sont encore aujourd'hui. Cependant, en tant qu'époux et père, le sens de la famille, de la fidélité et de la loyauté n'est plus le même que lorsque j'étais un gamin. Ces valeurs qui ont toujours servi consciemment et inconsciemment de ligne directrice dans ma vie sont maintenant devenues depuis très importantes.

En grandissant, certaines valeurs ne me semblaient pas essentielles, mais elles ont pris une grande importance dans ma vie actuelle. La spiritualité, par exemple, était une valeur que ma grand-mère chérissait, et elle est désormais au sommet de mes priorités. D'un autre côté, je connais plusieurs personnes pour qui cette valeur est devenue secondaire, voire insignifiante. Bien que les valeurs soient souvent influencées par la famille, les parents et la société, c'est à toi de décider si tu souhaites en faire une priorité dans ta vie.

Les valeurs ne sont pas des buts

Il faut faire attention pour ne pas tomber dans le piège de prendre les buts pour des valeurs. Règle générale, un but est un souhait que tu as et qui peut être rayé d'une liste, une fois que tu l'auras atteint. Par exemple, quelqu'un peut avoir comme but l'obtention d'un diplôme postsecondaire dans une discipline quelconque. Une fois gradué, son objectif est atteint. Il se pourrait que cette personne ait complété son programme d'étude avec des honneurs. Toutefois, cela ne veut pas dire que cette personne ait le savoir ou la réussite comme valeur. Il se pourrait qu'elle ne veuille plus rien savoir de l'école après cela.

Chaque nouvelle année, je connais plusieurs personnes qui se donnent comme objectifs de perdre du poids. Sans faire référence à des recherches scientifiques, je crois que tu serais d'accord avec moi pour dire que peu y réussissent. Et parmi ceux qui réussissent, cela ne semble pas durer longtemps. Cependant, les personnes qui valorisent une bonne santé physique n'attendront pas au début de l'année pour prendre des résolutions. Ces personnes maintiendront un style de vie qui favorise une bonne santé physique. Il s'agit d'un processus continu. Il en est de même pour une bonne santé mentale ou spirituelle. Cela prend des efforts au quotidien pour la maintenir.

Les valeurs, une source d'aspiration

Selon moi les personnes les plus heureuses sont celles qui sont en mesure de suivre ce que leur cœur désire. Je ne parle pas de relation amoureuse, mais le fait de pouvoir mener un style de vie qui reflète ce qu'ils sont vraiment en dedans d'eux. Je me souviens lorsque j'étais à l'université, j'ai rencontré quelques élèves qui revenaient pour compléter un deuxième baccalauréat. Je me suis dit qu'ils doivent vraiment aimer l'école. Cependant, lorsque j'ai pris le temps de les questionner sur leur décision, je me suis rendu compte que j'étais loin de la réalité. À tour de rôle, ils m'ont expliqué que leur premier diplôme était pour satisfaire les désirs de leurs parents. Maintenant, ils voulaient poursuivre ce qu'ils ont toujours voulu faire. D'un coup, cela m'a porté à réfléchir pour finalement conclure que j'étais aussi dans le même bateau.

Pour ceux qui me côtoient, ce n'est plus un mystère. J'ai toujours avoué que l'école ne m'a jamais vraiment plu. Cela surprend certains, surtout quand on sait que je travaille comme intervenant dans les établissements scolaires et que j'enseigne au niveau collégial. À vrai dire, mes camarades de classe du secondaire ont eu beaucoup de difficulté à me prendre au sérieux. Le pourquoi, c'est parce que j'avais de belles notes au point que mon nom se trouvait à chaque année sous le tableau d'honneur. Alors, comment expliqué tout ceci?

Comme je l'avais mentionné plus tôt, le fait qu'une personne réussisse bien à l'école ne veut pas dire qu'elle valorise pour autant le savoir. L'effort que je déployais à ma réussite, c'était pour atteindre un objectif bien déterminé. Je voulais réussir parce que je voulais finir mes études le plus tôt possible pour ne plus jamais y revenir. Il en est de même lorsque j'ai fait mes études collégiales. Pour moi l'école était finie à jamais. Du moins c'est ce que je croyais. Les circonstances m'ont forcé à retourner aux études. Toutefois, je me suis dit, si je vais retourner aux études, il fallait que ce soit dans un domaine qui reflète des valeurs qui sont importantes pour moi. J'ai dû faire une introspection et pour cela, certaines questions ont dû être posées : qu'est-ce qui me passionnait? Qu'est-ce qui me motive dans la vie? L'un de mes conseils aux étudiants en quête d'orientation consiste à leur poser cette question essentielle : quelle activité pourriez-vous exercer quotidiennement par simple plaisir, indépendamment de toute rémunération ? Ceci en écartant naturellement les activités de détente comme le sommeil ou les jeux vidéo.

Une fois que j'ai découvert que le travail social reflétait les valeurs importantes pour moi telles que le service, le partage, la justice, les études me sont devenues très plaisantes. Aujourd'hui encore, je dis que je n'ai pas aimé l'école, mais j'ai grandement aimé l'université. La rédaction de ce livre est une preuve que les valeurs peuvent être une source d'aspiration qui peut te permettre de poursuivre dans l'atteinte des buts plus élevés.

Stratégie pour trouver les valeurs

Mon expérience dans diverses institutions scolaires, notamment au secondaire, m'a régulièrement amené à prendre en charge des élèves présentant un manque de motivation scolaire. Leur motivation se limite essentiellement à la dimension sociale de l'école, l'aspect pédagogique ne générant aucun intérêt. Cette obligation de présence, sans alternative possible, conduit souvent ces élèves vers des comportements dérangeants.

Voici quelques-unes des raisons qui proviennent souvent des élèves : « L'école est plate! » « Je ne vois pas à quoi cela va me servir de connaître toutes ses matières. » À vrai dire, je ne peux pas leur en vouloir puisque ce sont des pensées que j'ai aussi nourries lorsque j'étais au secondaire. Pendant un certain temps, j'ai ressenti que le modèle éducatif actuel ne tenait pas compte des particularités de chaque élève, les regroupant tous dans une approche uniforme. Cependant, je serai le premier à admettre que depuis plusieurs années, il y a eu une grande amélioration dans le système scolaire. Toutefois, cela n'empêche pas qu'il existe encore plusieurs jeunes qui n'arrivent pas à faire une connexion entre l'école et leur futur. Peut-être que cela s'explique par le fait que plusieurs ne sont pas sûrs du domaine dans lequel ils souhaitent se lancer ? Ma théorie c'est que les jeunes qui sont désintéressés arriveront à mieux endurer leurs années d'études s'ils sont en mesure de faire ce lien entre leur apprentissage et leur choix de carrière. Facile à dire, mais selon mon constat, ils sont peu à avoir une idée de ce qu'ils veulent faire après le secondaire. Même les élèves qui paraissent avoir une orientation en tête restent souvent dans l'incertitude. Je crois que si les jeunes sont en mesure de se connecter avec les valeurs qui leur sont propres, ils seront en meilleure posture pour identifier les carrières qui les permettront de mettre en pratique leur soi intérieur. Du coup, l'école aurait un meilleur sens.

Voici une des stratégies que j'aime utiliser avec ces élèves lors de mes interventions. Je leur donne une enveloppe qui contient environ une cinquantaine de valeurs. Sur une table je leur présente trois colonnes : très important, important et pas important. Ils doivent toutes les classer dans une des colonnes. C'est une activité que tu peux faire toi-même. Tu peux aller sur le web et télécharger une liste de valeurs que tu pourras ensuite découper. Si tu es « Tech savvy » tu peux le faire directement à l'ordinateur. Voici un exemple de tableau avec les valeurs.

TABLEAU 1

Ceci est un modèle Adapté de WR Miller, J C'de Baca, DB Matthews, PL Wilbourne (Univ. du Nouveau Mexique, 2001) par Ph. Michaud et D Lécallier, AFDEM

TRÈS IMPORTANT	IMPORTANT	PAS IMPORTANT
LA SERVIABILITÉ (Être serviable envers autrui)	LA COMPASSION (Ressentir et agir en se préoccupant des autres)	LE POUVOIR (Commander et contrôler)
UNE VIE SPIRITUELLE (accent mis sur les aspects spirituels et non matériels)	RICHESSE (Biens matériels, argent)	LA GLOIRE (Être connu, admiré)

ÉGALITÉ (Opportunités égales pour tous)	POUVOIR SOCIAL (contrôle d'autrui, dominance)	LE RISQUE (Jouer avec le risque et la chance)
LA LOYAUTÉ (Être honnête et dans ses relations)	PLAISIR (Satisfaction des désirs)	LE NON-CONFORMISME (Mettre en cause ou défier l'autorité ou la norme)
RESPECT DE SOI (Croyance en sa propre valeur)	UNE VIE EXCITANTE (Expériences stimulantes)	LE DÉFI (Prendre à bras-le-corps des tâches ou des problèmes difficiles)
LA FAMILLE (Avoir une famille heureuse et aimante)	ORDRE SOCIAL (stabilité de la société)	
HARMONIE INTÉRIEURE (En paix avec soi-même)	POLITESSE (Courtoisie, bonnes manières)	
L'ESTIME DE SOI (Me trouver bien comme je suis)	LA PAIX DANS LE MONDE (Agir pour promouvoir la paix)	
L'ALTRUISME ACTIF (Prendre soin des autres et de leurs besoins)	L'AUTONOMIE (Décider par moi-même, être Indépendant)	
LA FIABILITÉ (Être fiable et digne de confiance)	L'INFLUENCE (Avoir une influence durable sur le cours des choses)	

L'HUMOUR (Voir le côté drôle de la vie et de moi-même)	LE SAVOIR (Apprendre et me construire un solide savoir)	
L'HONNÊTETÉ (Être honnête et droit)	SENS DE LA VIE (Un objectif dans la vie)	
	LA VERTU (Avoir une vie moralement inattaquable et pure)	
	LA TOLÉRANCE (Accepter et tolérer ceux qui sont différents)	
	LA RÉUSSITE (Avoir des succès importants)	
	LA SOLITUDE (Avoir du temps et de l'espace pour échapper aux autres)	

TAPE 1: Dans l'étape 1, il s'agit de classer les valeurs selon leur niveau d'importance pour toi.

Il est fondamental de comprendre qu'il n'y a pas de choix idéal ou déplorable. Ce qui est significatif pour une personne peut ne pas l'être pour quelqu'un d'autre. D'ailleurs, je remarque plus qu'on vieillit, plus qu'il y a moins de choses qui se retrouvent dans la colonne : « pas important ».

ÉTAPE 2: Garder seulement les valeurs qui se trouvent dans la colonne des très importants.

S'il vous arrive d'avoir un nombre très élevé, tu auras la tâche de réduire tes choix au nombre 10 seulement.

ÉTAPE 3: Mettre les valeurs en ordre de priorité en commençant par le chiffre « 1 » qui représente la valeur la plus importante pour toi.

Veuilles noter que cela ne signifie pas que les autres perdent de leur importance à tes yeux. Souviens-toi que tu te concentres sur la liste des valeurs qui te tiennent particulièrement à cœur. Il est important de réaliser qu'à ce stade, tu entames un processus d'introspection de plus en plus approfondi. Je comprends que cet exercice puisse s'avérer particulièrement ardu si tu n'as jamais consacré de temps à réfléchir en profondeur sur ce qui est véritablement essentiel pour toi. Cependant, je t'assure qu'en harmonisant tes valeurs avec ton mode de vie, tu augmentes tes instants de bonheur, car ceux-ci prendront une signification plus profonde.

ÉTAPE 4: Choisir 3 valeurs de cette liste que tu aimerais mettre l'emphase par des actions concrètes.

Il est essentiel de garder à l'esprit qu'à ce stade, il ne s'agit pas simplement de sélectionner un numéro, qu'il soit un, deux ou trois, sur ta liste. Il est possible que tu aies déjà entrepris des actions concrètes pour les intégrer dans ta vie. L'objectif de cet exercice est de souligner les valeurs que tu juges primordiales, mais qui semblent ne pas se manifester dans les diverses dimensions de ta vie.

Les valeurs dans une perspective biblique

"Comment ferais-je un aussi grand mal et pécherais-je contre Dieu?» (Ge. 39.9) Ce passage est fréquemment cité auprès des jeunes comme un exemple à suivre. Néanmoins, je suis convaincu qu'il constitue également un modèle pertinent pour les personnes plus âgées. Ces valeurs constituaient le fondement de la force de caractère dont Joseph a fait preuve en résistant à une proposition attrayante qui aurait pu le compromettre.

Tout d'abord, examinons le contexte dans lequel Joseph se trouvait. Trahi et vendu par ses frères, Joseph s'est retrouvé en Égypte. Il a été vendu comme esclave pour servir dans la maison de Potiphar. Toutefois, cet officier de Pharaon et chef des gardes n'a pas tardé à remarquer que Joseph n'était pas comme tous les autres esclaves qu'il avait en sa possession. Il y avait quelque chose de surnaturel avec ce jeune homme. Le fait qu'il réussissait dans tout ce qu'il entreprenait, Potiphar était convaincu que Dieu était avec lui. Suite à ce constat, Potiphar n'a pas tardé à le placer comme responsable de sa maison en lui confiant tous ses biens. Tel qu'il l'avait envisagé, la main de Dieu était avec Joseph qui a fait fructifier tous ses biens, que ce soit à la maison ou aux champs. Dès lors, sa confiance était si grande dans ce jeune esclave qu'il ne s'occupait seulement que de sa propre nourriture.

Revenons à la déclaration de Joseph. Je crois que tu serais d'accord avec moi si je dis que la spiritualité était au sommet de la liste de ses valeurs. Joseph a compris que le mal qui aurait pu émaner de la proposition de la femme de son maître serait, en premier lieu, un péché contre son Dieu. Autant qu'il soit de la responsabilité des parents d'inculquer de bonnes valeurs à leurs enfants, il en demeure leur choix d'en faire les leurs. Se retrouvant loin de la maison familiale, trahie par ses grands frères qui auraient dû le protéger, condamné à passer le reste de sa vie comme esclave dans un pays étranger qui ne connaissait pas le Dieu de son père, Joseph avait toutes les raisons pour renier sa croyance religieuse. Cependant, il s'est accroché et le Dieu de son père est devenu son Dieu personnel, se manifestant dans la puissance de son caractère.

Au-delà de la spiritualité de Joseph, il est raisonnable de penser que Potiphar a identifié d'autres valeurs en lui, qui ont joué un rôle dans sa décision de lui accorder sa confiance. Joseph se distinguait par sa fidélité, sa loyauté et un sens prononcé des responsabilités. De nombreuses personnes se présentent comme spirituelles, cependant, il est souvent ardu de déceler, à travers leurs comportements, des valeurs qui sont en harmonie avec leur déclaration. Pour cultiver un caractère qui reflète notre relation personnelle avec Dieu, il faut d'abord être désireux de se connecter avec lui. Ensuite, il faut être assidu et persévérant parce que cela ne se construit pas soudainement. Par-dessus tout, sache que c'est par sa grâce que nous serons en mesure d'adopter des valeurs qui reflètent son caractère dans tous les aspects de notre vie. De cette manière, nous pourrons lui rendre témoignage en étant des exemples pour ceux qui nous entourent et nous regardent avec attention.

La richesse comme valeur : un dilemme pour les chrétiens

As-tu déjà entendu l'histoire du jeune homme riche? Ce dernier souhaitait obtenir la vie éternelle et s'était approché de Jésus pour le questionner sur la manière d'y parvenir. Malheureusement, la réponse qu'il a reçue était loin de ce qu'il espérait. « *Va, vends tout ce que tu as, donne-le à ceux qui sont dans le besoin, puis viens et suis-moi* ». Cette réponse le plaça devant un dilemme. Bien que ce jeune homme désirât sincèrement la vie éternelle, il tenait aussi à ses richesses qui étaient considérablement élevées. Laquelle de ces deux valeurs faudrait-il prioriser? Une vie spirituelle qui met l'accent sur les aspects spirituels et non matériels ou la richesse qui met l'accent sur les biens matériels et l'argent?

Il m'est souvent arrivé d'entendre des individus affirmer qu'un véritable chrétien ne devrait pas aspirer à la richesse. Souvent, on fait référence aux mots de Jésus à propos de ce jeune homme. Ce dernier avait en effet reçu l'ordre de renoncer à ses possessions, qui lui avaient offert un style de vie aisé depuis son plus jeune âge. En outre, sa fortune avait contribué à ce qu'il soit classé à une position sociale enviable dans la communauté. Il était certainement admiré, respecté et apprécié par de nombreuses personnes du fait qu'il était tout simplement riche. De ce fait, suite à la réponse de Jésus qui le plaça devant ce dilemme, il est reparti, la tête basse et manifestement peiné par la décision qu'il devait prendre s'il souhaitait accéder à la vie éternelle. Devant le déroulement de cette scène, Jésus parla ainsi : « *Je vous le dis encore, il est plus facile à un chameau de passer par le trou d'une aiguille qu'à un riche d'entrée dans le royaume de Dieu.* » (Matthieu 19:24)

A contrario, il y a ceux qui ne sont pas d'avis que le fait de vouloir la richesse signifie qu'ils ne soient pas pour autant des chrétiens authentiques. Parmi les versets bibliques qu'ils vont utiliser pour justifier leur quête d'une vie aisée, on retrouve : « *L'Éternel fera de toi la tête et non la queue, tu seras toujours en haut et tu ne seras jamais en bas, lorsque tu obéiras aux commandements de l'Éternel* » (Deutéronome 28.13). Ils vont aussi faire référence au roi Salomon qui « surpassait tous les rois de la terre en richesse et sagesse. » Il y a plusieurs autres versets qui font ressortir le danger de la richesse tout comme il y en a plusieurs qui relatent les grandes richesses accordées par Dieu lui-même à des individus ou au peuple d'Israël. Alors, d'où vient ce dilemme?

Je pense que le conflit ne vient pas du fait de considérer la richesse comme une valeur importante ou même primordiale. Le véritable enjeu réside dans l'ordre des priorités qu'on lui donne. Si la richesse est en tête de ta liste, cela peut devenir problématique, car tu risques de ne pas avoir de repères fiables pour maintenir ton honnêteté. Selon une perspective chrétienne, je pense que toutes les autres valeurs de ta liste sont également concernées. Une vie spirituelle doit être prioritaire. Celui qui choisit cette voie fait preuve de sagesse. « Cherchez premièrement le royaume et la justice de Dieu; et toutes ces choses vous seront données par-dessus » (Mat 6.33). Si nous faisons l'effort de donner la priorité à la « volonté divine » et de nous engager à lui obéir, nous pouvons être assurés que ses promesses sont fiables et qu'elles nous apporteront de riches bénédictions.

Si tu pouvais faire un vœu, ou même trois, qu'est-ce que tu demandais? Je ne pense pas que je me trompe en affirmant que la santé est sans doute ce que la plupart des personnes les plus âgées diraient vouloir. Cependant, j'ai l'impression, les vœux formulant une demande de richesse (#succès) ne seront pas trop loin en derrière. Je ne serai pas surpris si plusieurs chrétiens disent la sagesse. La grande question, est-ce qu'ils ont vraiment envie de la sagesse ou espèrent aussi recevoir la richesse tout comme Salomon lorsqu'il a formulé une demande de sagesse et d'intelligence à Dieu? Remarque que Salomon n'a pas demandé la sagesse et l'intelligence dans un acte égoïste. Il l'a fait parce qu'il a voulu plaire à Dieu en étant à la hauteur pour diriger son peuple. Si toi et moi demandions la sagesse aujourd'hui, ce serait à quelle fin précise? Comment peut-elle nous aider à mener une vie qui reflète l'homme ou la femme que Dieu désire que nous soyons?

Salomon est devenu le roi le plus sage et le plus riche de son époque parce qu'il a priorisé sa vie spirituelle comme valeur. Il en est de même pour Joseph qui en s'accrochant à ses valeurs est devenu plus tard, le premier ministre en Égypte. La promesse de l'Éternel à faire de nous la tête est conditionnelle. Nous devons obéir à ses commandements. Lorsqu'elle n'est pas au sommet de notre liste de valeurs les plus importantes, la richesse ne sera plus un dilemme pour les chrétiens puisqu'elle n'entrave pas dans ta relation personnelle avec Dieu. Elle serait au contraire une bénédiction que l'on reçoit et qui servira de témoignage aux yeux de tous.

CAMÉRA, LUMIÈRE, ACTION
engagée

La vie peut parfois nous donner l'impression d'être une pièce de théâtre dans laquelle nous jouons un rôle qui nous semble imposé. Trop souvent dans ce rôle, nous avons le sentiment de ne pas avoir de contrôle, que ce soit sur les événements extérieurs ou sur nos propres émotions.

J'espère que les chapitres précédents t'ont donné les outils nécessaires pour cultiver ta confiance en toi et réaliser que tu as la capacité d'apporter des changements significatifs dans cette mise en scène qui est la vie. Cependant, il est important de garder à l'esprit que cela ne se fera pas de manière instantanée. Il te faudra mettre en place des actions concrètes pour y parvenir. Par ailleurs, la compréhension que tu as cultivée concernant les valeurs que tu juges très importantes te sera d'une grande utilité dans cette démarche. Que ces valeurs soient liées à ta famille à ton travail ou à ton bien-être personnel, c'est le moment de prendre les mesures nécessaires pour changer les narratives négatives par des actions concrètes et engagées.

J'ai une idée!

Avoir des idées, c'est super. Avoir des objectifs, c'est tout aussi important. Toutefois, tant que nous ne mettons pas en place des actions concrètes pour les atteindre, nos rêves resteront des rêves, nos objectifs ne seront que des mots sur un morceau de papier, et nos idées s'éteindront avec nous.

Un jour, pendant une conversation avec quelqu'un de très expérimenté dans le domaine de l'entrepreneuriat, je lui ai fait part d'une idée que j'avais en tête pour un projet. Sa réponse m'est venue de manière inattendue. Il m'a dit et je paraphrase: tu sais Ralph, je connais une place où je peux trouver beaucoup de personnes avec de très belles idées...Au cimetière! Tout comme toi, en ce moment, j'étais non seulement surpris, mais aussi confus par sa réponse. Cependant, il n'a pas tardé à me donner une explication. Il poursuivit en m'expliquant que tout le monde a des idées et même de très belles idées. D'ailleurs, il s'agit d'un exercice mental qui se fait tout au long de notre vie. Par contre, pour la grande majorité de ces idées, elles ne verront jamais le jour. Beaucoup de personnes iront se coucher dans la tombe sans que personne ne puisse prendre connaissance de leurs belles idées, encore moins, de les voir se réaliser. Soudainement, d'un ton plus sérieux, en me fixant dans les yeux, il m'a dit : « **toi, qu'est-ce que tu comptes faire avec ton idée?** »

Avant de satisfaire ta curiosité au sujet de ma réponse, en cet instant, j'aimerais te poser aussi la même question. Cette idée que tu chéris depuis longtemps, cet objectif, que tu veux atteindre, qu'est-ce que tu fais pour y arriver avant que cela soit trop tard ? Tu as sans doute déjà entendu cette déclaration : « Qui ne prend pas le temps de se préparer se prépare à échouer. » Alors, tu as besoin de mettre en place des actions qui démontrent un engagement réel dans la réalisation de ton objectif.

Attention au semblant d'engagement

Des fois, plusieurs personnes semblent en voie de s'engager dans une activité ou un projet. Toutefois, des semaines et même des mois plus tard, on les retrouve au point initial. Tu as sans doute connu un ami ou un membre de ta famille qui a voulu commencer à faire de l'exercice pour améliorer sa santé physique. La personne en parle depuis quelque temps et semble être très enthousiasmée à l'idée de se remettre en bonne forme physique. Néanmoins, le temps continue de filer et aucune initiative réelle n'a été prise pour l'aider à réaliser son souhait de se remettre en forme.

Finalement, elle redécouvre son envie et prend la décision de s'abonner à un club de sport après avoir été inspirée par des mots d'encouragement d'une vidéo ou d'une autre source motivante. Attention! Là encore, cela ne signifie pas que ce soit un engagement réel. Je parie que tu connais au moins une personne qui possède une carte de membre pour un centre sportif, mais qui n'en fait pas usage. Elles ont peut-être été une fois ou deux ou même toute une semaine et ça s'arrête là. Bien sûr, il y a toujours une bonne raison. Je n'ai pas le temps semble être le plus utilisé selon mes expériences. Je crois fortement que la meilleure source de motivation ne peut venir que de l'intérieur. Pour cela, il faut que tes projets soient en lien avec les valeurs qui te sont importantes. Les personnes pour qui une bonne santé physique fait partie de leurs valeurs considérées comme très importante, trouveront toujours le temps pour s'entrainer.

Lorsque tes valeurs ne s'alignent pas avec tes projets

Quelques années, plus tard, lors d'un séminaire sur l'entrepreneuriat qui était animé par cette même personne dont je vous ai parlé plus tôt, je lui ai rappelé de ce commentaire qu'il m'avait fait. Bien qu'il semblait oublier les détails de cette conversation, cependant, ces mots avaient continué de résonner avec moi. « ***Toi, qu'est-ce que tu comptes faire avec ton idée ?*** » L'ironie, c'est que j'avais encore la même idée de projet. À vrai dire, je m'étais effectivement engagé en élaborant un plan avec des actions concrètes. J'ai même commencé à récolter les fruits de mon labeur. Cependant, je n'étais pas en mesure de faire les sacrifices nécessaires pour que cela puisse prendre réellement de l'extension. Aujourd'hui encore, après plusieurs années, je suis figé au même point avec encore moins d'engagement.

En toute honnêteté, je suis conscient de la raison pour laquelle cette magnifique idée n'avance pas même si beaucoup de gens pensent qu'elle pourrait être très lucrative. Il ne s'agit pas d'une question de temps. Ce n'est pas non plus une question de paresse ni un manque de connaissance des stratégies à mettre en place. Depuis, j'ai pu entamer et exécuté plein d'autres projets, y compris la rédaction de ce livre que je ne croyais pouvoir jamais accomplir. En fait, j'ai réalisé que mon manque d'intérêt pour poursuivre la réalisation de ce projet réside simplement dans le fait que cela ne s'aligne pas avec aucune des valeurs de ma liste que je considère, très importantes.

Malgré l'attrait de la richesse que ce projet me promettait - un élément important de ma liste - mon bien-être mental, ma priorité principale classée dans la catégorie très importante, risquait d'en pâtir. Les différentes étapes requises pour ce projet augmentaient progressivement mon anxiété. J'ai opté pour une pause le temps de développer une approche plus confortable ou d'identifier une alternative viable. Il est important de savoir que si tes idées ou tes objectifs, aussi excellentes qu'elles puissent être, ne sont pas en harmonie avec tes valeurs importantes, il te sera très difficile de prendre des actions engagées qui sont durables sans mettre au détriment ta santé physique, mentale et même spirituelle.

UN DÉFI COLOSSAL

Quand vient le moment d'agir, il est tout à fait normal de ne pas toujours se sentir à la hauteur. Que ce soit pour finaliser un projet qui pourrait faire avancer ta carrière ou pour établir des stratégies visant à renforcer tes relations avec ta famille, tes amis ou ton partenaire. Ces doutes sont tout à fait compréhensibles. Un plan d'action est aussi valable quand vient le temps de faire face à des situations stressantes ou anxieuses qui impactent ta vie quotidienne. Il en est de même pour les objectifs qui t'aideront à vivre en harmonie avec tes valeurs spirituelles. La grande question qui demeure est: comment s'y prendre?

Un jour, je me suis porté volontaire pour prêter main forte lors d'un projet de rénovation du sous-sol de mon église, j'ai fait face à une situation qui me sert de leçon encore aujourd'hui. Comme je ne travaillais pas durant cette période, je m'étais porté volontaire pour travailler sous la tutelle d'un ami de l'église qui s'y connaissait dans le domaine de la rénovation. Nous avons tous les deux travailler ardemment pendant toute une semaine pour poser des carreaux de céramique. Ce fut un long processus en raison de la grande surface à couvrir, mais aussi du temps qu'il fallait accorder pour laisser sécher le ciment. Dieu merci, nous avons fini le vendredi matin, tel que dans notre coutume, nous nous sommes reposés le samedi en allant à l'église.

Ce jour-là on a annoncé qu'il y aurait une activité spéciale le samedi prochain qui nécessite l'accès au sous-sol. Pour nous aider et alléger notre tâche et finir rapidement, nous avons cru bon de solliciter le soutien des jeunes du club des explorateurs pour nous prêter main forte. C'est une expérience qui leur permettrait de recevoir une formation de base dans la maçonnerie et ainsi gagner une nouvelle distinction pour ajouter à leur collection. C'était une solution gagnant-gagnant, ou du moins c'est ce que je croyais.

Fidèles au poste, ceux des classes de niveau 2 se sont présentés le dimanche matin avec enthousiasme et prêts à servir. Mon ami touche-à-tout qui est aussi un chef-guide engagé a utilisé la surface d'une petite salle pour leur faire une démonstration sur les étapes à suivre pour poser les carreaux de céramique. Une fois terminés, nos jeunes amis avaient comme tâche de nous aider à remplir de coulis les espaces entre les carreaux de céramique sur toute la surface du sous-sol. Comme prévu, cela s'est fait rapidement, cependant, ce que nous n'avions pas pris en considération c'est qu'en raison de leur manque d'expérience mélangé avec leur excitation de commencer à travailler sans bien prendre le temps de suivre les instructions, une grosse corvée de nettoyage nous attendait à la fin. Toutefois, je suis resté positif. Je me suis dit : pas de problème, à nous deux nous avons amplement le temps de faire les finitions et de nettoyer le tout d'ici vendredi avant le coucher du soleil.

Arrivé, le jour suivant, tel que conclu avec mon ami touche-à-tout, je me suis rendu à l'église le lundi matin pour compléter cette dernière étape qui consiste à enlever les débordements. En attendant mon ami qui tardait à arriver, je me suis mis à faire des petites choses ici et là. Finalement, après plus d'une heure passée, j'ai décidé de faire suite par un appel téléphonique pour savoir où il en était. Je m'attendais comme d'habitude qu'il n'était pas loin d'arriver. Toutefois, ce jour-là, sa réponse était différente. Il m'annonça qu'il ne pourrait pas venir cette semaine à cause d'une douleur au dos. Il m'a donné des consignes et m'a assuré qu'il avait confiance en moi pour terminer cette dernière étape seule. Debout à l'entrée de la salle, j'ai regardé le travail qui m'attendait et un sentiment de découragement m'a saisie. J'ai lancé à voix haute : « C'est impossible que je puisse accomplir tout cela toute seule ! » J'ai éteint les lumières et je suis reparti chez moi.

Comme je ne travaillais pas durant cette période, ma routine consistait à aller à l'église pour offrir quelques heures de bénévolat dans le cadre de la rénovation. Ainsi, le mardi matin, après avoir déposé mes enfants à l'école, je me rendais sur place. Une fois que j'avais franchi les portes du sous-sol, je me suis de nouveau senti comme si je faisais face à un géant à la vue du plancher. Pour vous mettre dans le contexte, il s'agissait d'un travail méticuleux. Il fallait à l'aide d'un seau d'eau et une éponge nettoyer entre les carreaux de céramique pour enlever l'excès de coulis qui avait durci depuis plusieurs jours maintenant. Il s'agit d'un exercice que j'avais fait préalablement pour enlever l'excès de ciment endurci. Le fait de devoir refaire le même exercice seul et de plus dans un délai qui me semblait court, je ne voyais pas comment j'allais y arriver. Tout comme la journée précédente, j'ai éteint les lumières, verrouillé les portes de l'église, monté dans ma voiture pour me diriger vers ma maison.

Toutefois, je suis resté assis dans la voiture pendant plusieurs minutes sans pouvoir la démarrer. Non pas qu'il y avait un problème avec le moteur, mais restant figer, il y a toutes sortes de pensées qui me traversaient l'esprit. D'abord, je me souciais de ce que mon ami touche-à-tout allait penser de moi si je n'accomplissais pas la tâche tandis qu'il mettait sa confiance en moi. Il y a aussi le fait que j'avais donné ma parole aux personnes responsables que le sous-sol sera prêt pour être utilisé le samedi, pour cette activité très importante qui devrait avoir lieu.

La conception de soi que les gens ont de moi est très importante. Je désire fortement que cela reflète des valeurs qui sont très importantes pour moi. J'ai toujours fait de grands efforts pour que les gens puissent avoir de moi une conception positive. La vision d'une personne sur qui on peut compter. Je me suis toujours dit que mon « oui » doit être un « oui ferme ». D'ailleurs, c'est une des raisons pour lesquelles je fais rarement des promesses. Pour moi, autant que cela dépende de moi, je dois toujours garder mes paroles. Ce sont des valeurs que j'ai toujours accordé une très grande importance. Maintenant, face à cette situation, je me sentais abattu, ne sachant plus quoi faire. C'est alors que j'ai fait une prière silencieuse avant de retourner à l'intérieur de l'église.

UN CARREAU À LA FOIS

De nouveau debout à l'entrée de la salle, j'ai entendu une voix interne qui me disait : « Un carreau à la fois. » Sur le coup je me disais que cela ne peut être la solution. Ce plan ne pourra jamais fonctionner. J'ai regardé de nouveau la quantité de céramique qui se trouvait devant moi. Je me suis dit: comment pourrais-je tout accomplir à temps en me concentrant seulement sur

un carreau. Cependant, je n'ai pas résisté longtemps à cette voix interne qui s'est de nouveau fait entendre avec insistance : « Un carreau à la fois. » J'ai pris un seau d'eau et une éponge, j'ai enfilé mes genouillères et j'ai choisi un coin de la salle pour commencer à nettoyer un carreau à la fois. J'ai procédé ainsi jusqu'à ce que je complète la surface que j'avais tracée. Je suis revenue le mercredi matin et je me suis dirigé dans mon petit coin sans prendre le temps de regarder le sous-sol dans son entier. Ce qui était important pour moi, c'est de compléter une petite section présélectionnée un carreau à la fois. J'ai la certitude d'avoir reçu un coup de pouce d'une main invisible. Je dis ceci parce que dans plusieurs endroits, le nettoyage se faisait sans trop d'effort, ce qui me permettait de couvrir une plus grande surface que prévu.

Jeudi matin à mon arrivée, j'ai de nouveau tourné mon regard vers la section que j'avais déjà complétée, toujours, un carreau à la fois. À ma grande surprise, j'ai remarqué que j'avais plus que la moitié de la superficie complétée. Ce constat m'a servi de motivation pour redoubler d'efforts. J'avais l'espoir que je pourrais accomplir la tâche dans le délai prévu. Cette montagne qui me paraissait au début insurmontable ne l'était plus. Ce géant, que j'avais l'impression de faire face, devenait de plus en plus petit à mes yeux. Cependant, ce n'était pas fini, je devais continuer à être stratégique et persévérer dans mon engagement. Les vendredis, je pouvais consacrer moins de temps de travail que les autres jours. Cependant, j'ai pu effectuer le travail en son complet.

LES VALEURS COMME MOTEUR DANS L'ACTION ENGAGÉE

Pour maximiser tes chances de succès, il est essentiel de concevoir un plan d'action basé sur des valeurs qui te tiennent particulièrement à cœur. Néanmoins, quand tu es confronté à une tâche qui te paraît ardue, pense à l'idée de progresser un carreau à la fois. Je t'encourage à adopter cette approche face à des défis qui peuvent te sembler gigantesques ou insurmontables. Au tant qu'il soit bénéfique de prendre un recul pour avoir une vue d'ensemble, il est aussi important de savoir quand est-ce est le moment de porter son attention sur un objectif qui est plus petit et aussi atteignable.

Dans mon illustration « Un défi colossal », examinons ensemble deux valeurs qui m'ont servi de source de motivation pour persévérer dans mon engagement. Tout d'abord, il y a « LE DEVOIR : Accomplir mes devoirs et mes obligations ». À l'instar d'un soldat, il te sera essentiel que tu restes fidèle à ce principe moral et que tu honores tes obligations peu importe les défis qui se présentent sur ton chemin. Pour y arriver, il est fondamental d'avoir de la discipline pour choisir de faire ce qui doit être fait au lieu de ce que tu aimerais faire.

Ensuite, il y a eu « LA CONFIANCE : la confiance reçue des autres ». SI tu veux être vu comme quelqu'un de fiable sur qui on peut toujours compter, tu trouveras la motivation nécessaire pour mobiliser tes ressources et faire preuve de détermination afin de réussir la tâche qui t'attend. Dans mon illustration, j'avais donné ma parole que tout serait prêt, ainsi, tant que ma sécurité et mon bien-être personnel n'étaient pas menacés, j'étais engagée à fournir le meilleur de moi-même pour tenir cet engagement.

L'IMPORTANCE DU CADRAGE

Tel qu'un metteur en scène, la vue d'ensemble est essentielle dans le déroulement d'une pièce de théâtre ou d'une série télévisée. Ce principe peut-être aussi employé dans le cadre d'un nouveau projet. Il est important de prendre un recul pour bien examiner la portée de la tâche à accomplir. Qu'il s'agisse d'un projet d'équipe ou individuel, cela te permettra de faire une bonne analyse de la situation afin de mieux organiser des stratégies.

Cependant, comme une épée à double tranchant, la vision d'ensemble peut briser l'enthousiasme de certaines personnes au point même de les décourager. Le pourquoi c'est qu'en prenant le temps de regarder toutes les tâches à accomplir cela peut susciter des pensées négatives qui par ricochet fera augmenter ton niveau de stress. Si tu es du genre à être plus efficace quand la pression monte, ce ne sera pas un problème. Cependant, si tu es plutôt du type anxieux, cela risque d'avoir un effet démoralisant pour toi. C'est pour ça qu'il est super important, de temps en temps, comme un bon metteur en scène, de faire un cadrage pour mettre en avant un détail important.

SE FIXER DES OBJECTIFS ATTEIGNABLES

Si tu te trouves face à une situation qui te semble difficile. Si tu as tout simplement le goût, tout comme je l'ai vécue de vouloir littéralement jeter l'éponge, j'ai quelques suggestions qui pourront peut-être t'aider. J'ai réalisé, que le fait d'avoir seulement une bonne connaissance de ses valeurs n'est pas toujours suffisant. Pour augmenter tes chances de réussir, il te faudra mettre en place des stratégies. Surtout lorsque tu devras faire face à des imprévues. Je te garantis qu'il y en aura parce qu'il y en a toujours. Aussi, tu as sans doute déjà réalisé qu'un sentiment de découragement n'est jamais trop loin pour se présenter à l'improviste. Le pourquoi, c'est parce que les pensées négatives ne prennent jamais de congé.

Par conséquent, il est essentiel de mettre en place des objectifs atteignables en dirigeant ton attention vers un secteur spécifique. Dans mon illustration, je prenais un carreau à la fois. Pour toi, ça pourrait ressembler à : « un pas à la fois », « un jour à la fois », « une page à la fois » ou, comme ça a été le cas pour moi en écrivant ce livre, « un paragraphe à la fois ». Ce qui compte vraiment, c'est de trouver une petite chose que tu peux réaliser avec succès et de lui accorder toute ton attention. Une fois que tu auras réussi, tu ressentiras un vrai sentiment d'accomplissement, et ça t'aidera aussi à renforcer ta confiance pour les défis suivants.

Éventuellement, tu pourras de nouveau prendre un recul pour regarder la vue d'ensemble. En revanche, ton attention doit se tourner sur le travail déjà accompli qui te servira de source de motivation. Fort souvent, la fin est plus dure que le commencement. C'est à ce moment qu'on commence à ressentir le poids de la fatigue des longues heures déjà consacrées. Tout dépend du progrès accompli, il est possible qu'on relâche un peu dans l'effort déployé parce que le but semble être proche. Il est essentiel que tu prennes le temps de revoir régulièrement tes valeurs afin de maintenir ta motivation et la discipline requise pour mener à bien ta tâche jusqu'à son terme.

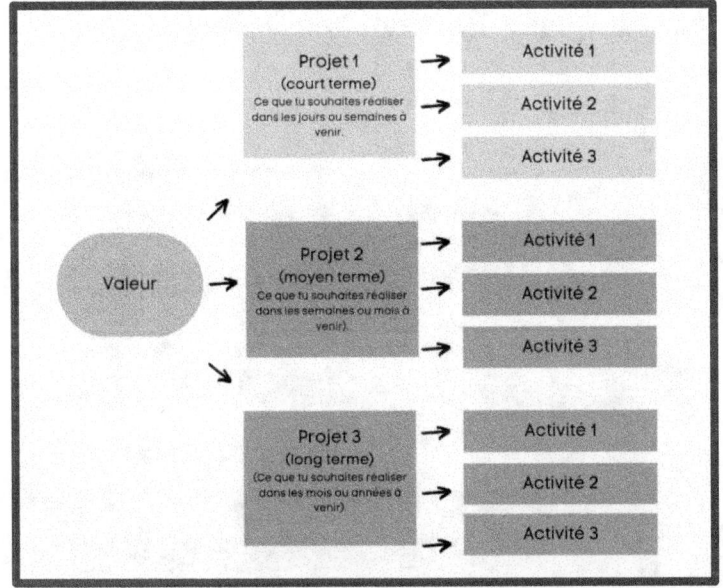

Figure 1 Un modèle de plan stratégique des actions engagées

Comment utiliser les valeurs pour planifier des actions engagées

Comme je l'ai déjà mentionné, les valeurs peuvent servir de moteur pour générer la motivation nécessaire pour atteindre ton objectif. Cependant, il te faut une stratégie, un plan détaillé avec des marches à suivre claires et précises te permettant de mettre toutes les chances de ton côté afin d'y arriver. Dans le cadre de cette démarche, je vais utiliser, l'estime de soi comme qui se trouve dans la colonne des très importantes de la figure 1.

L'ESTIME DE SOI : Me trouver bien comme je suis

Plan stratégique des actions engagées

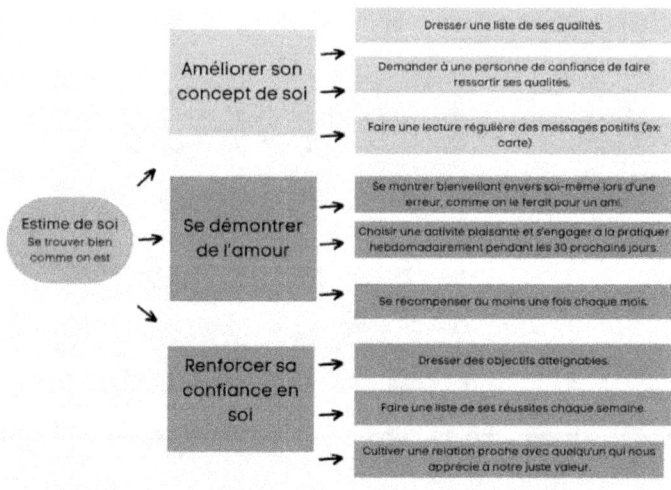

Figure 2 Exemple du plan stratégique des actions engages

Les actions dans une perspective biblique

Un jour, lors d'une visite dans une église, j'ai été témoin d'un échange entre une femme mariée et un groupe de personnes. Je l'ai entendu déclarer : « **Jamais mon mari n'accepterait de faire cela…c'est un homme intègre!** » L'énergie et la détermination de cette femme dans la défense de son époux étaient remarquables. Cependant, ce qui m'a attiré davantage de prêter attention à cette conversation, c'est le mot « intègre » qu'elle a employé pour qualifier son mari. C'est comme si c'était la première fois que j'entendais ce mot. Du coup, je me suis rendu compte que l'intégrité était aussi une valeur à laquelle j'aspirais. Dès lors, je me suis dit : à l'instar de cet homme, j'aimerais que les gens parlent ainsi de moi lorsque mon nom est prononcé. Bien que je ne sois pas sûr de ce que les gens diraient de moi aujourd'hui je sais que j'y travaille encore.

Je dois admettre qu'à cette époque, bien que j'aie grandi dans une famille chrétienne, la spiritualité ne figurait pas parmi les valeurs que je considérais comme importantes ou même très importantes. Il m'a fallu tout un cheminement pour que cela prenne de l'importance jusqu'à devenir très important dans ma vie. Il convient de s'engager résolument à allouer du temps précieux à l'étude assidue de la Bible, qui constitue la révélation divine. Dans les premières étapes de ma quête spirituelle, je dois avouer que j'avais une compréhension très restreinte de nombreuses narrations bibliques. Cependant, un jour, je suis tombé sur l'histoire de Job. Ce n'était pas la première fois que je lisais ce passage. Toutefois, cette journée-là, j'ai été frappé par ce verset qui se trouve dans Job 2.9. Il s'agit d'une déclaration de la femme de Job qui déclara : « ***Tu demeures ferme dans ton intégrité! Maudis Dieu, et meurs!*** » Je te laisse le soin de deviner ce qui m'a attiré dans ce verset.

Deux épouses, deux regards sur l'intégrité. L'une la célèbre comme preuve de la noblesse de caractère de son mari, l'autre la retourne en accusation d'aveuglement. Pourtant, au-delà de ces interprétations divergentes, subsiste une réalité commune : l'intégrité authentique de ces hommes, qui transparaît dans leur conduite quotidienne et révèle leur force morale profonde.

Les valeurs dans la formation du caractère

L'histoire de Job nous présente une très belle illustration de ce qu'est la puissance de la valeur dans la foi chrétienne. La bible nous dit : que Dieu lui-même faisait l'éloge de son serviteur Job pour son intégrité et sa fidélité. Cependant, Satan n'était pas convaincu que cela soit de manière désintéressée. Il a même utilisé cette occasion pour reprocher Dieu de donner un traitement de faveur à Job, en le protégeant et en lui offrant plein de bénédictions.

Pour moi, rien n'égale la valeur d'un caractère authentique - pas même les plus grandes richesses. C'est lui qui donne naissance à nos convictions profondes et inspire nos actions quotidiennes. Travailler à son épanouissement me paraît être la mission la plus gratifiante qui soit.

Toutefois, sois prêt à affronter des épreuves, comme Job avant toi. Il nous arrive d'oublier que notre lutte véritable ne se mène pas contre des êtres de chair, mais contre les puissances ténébreuses. L'adversaire continue son œuvre d'accusation et de persécution, ciblant avec une intensité particulière les disciples du Christ. Cette purification rappelle le processus de raffinage de l'or : c'est par l'épreuve que les chrétiens voient la gloire de Dieu se manifester avec éclat dans leur vie.

Une exigence particulière pèse sur les disciples du Christ : cultiver un caractère noble. Cette mission, certes ardue, demande une vigilance de chaque instant et une fidélité sans faille, même dans les détails les plus insignifiants de notre quotidien. Cependant, nos seuls efforts ne suffisent pas ; nous avons besoin de nous appuyer sur la grâce divine pour accomplir cette œuvre. Notre caractère prend alors forme à travers nos comportements, qui deviennent l'expression vivante des valeurs qui nous sont chères.

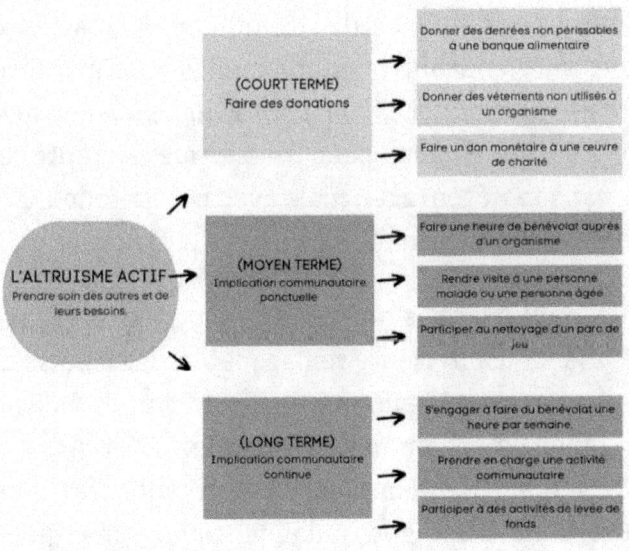

Figure 3 Un modèle d'un plan stratégique des actions engages

Conclusion

J'espère profondément que les témoignages partagés dans ces pages t'accompagneront vers un mode de vie plus harmonieux. Tu possèdes désormais une vision globale du bien-être, qui englobe non seulement le corps et l'esprit, mais aussi ton équilibre émotionnel et psychologique.

À partir d'aujourd'hui, refuse de laisser les opinions d'autrui dicter tes choix. Tu détiens la capacité de rejeter et de t'éloigner de ces influences néfastes. Les épreuves surviendront inévitablement, c'est dans l'ordre des choses. L'essentiel est de distinguer ce qui échappe à ton contrôle de ce que tu peux transformer. Accepte cette réalité sans te décourager, mais avec la certitude qu'une existence riche et épanouissante reste à ta portée.

N'oublie jamais que tu es un être extraordinaire, doté d'une force intérieure remarquable. Cette puissance trouve sa source en Celui qui t'a façonné à son image et qui a donné aux hommes la sagesse nécessaire pour prendre soin d'eux-mêmes dans leur totalité. Utiliser ces ressources ne témoigne nullement d'un manque de confiance en ton Créateur.

Pour conclure, si tu aspires véritablement au succès dans tous les domaines, élabore une stratégie claire, ancrée dans tes valeurs fondamentales. Sur ces mots, je te souhaite une santé mentale florissante et une vie pleinement accomplie.

Bibliographie

Bettayeb, K. (2022, avril 28). *Est-il possible de ne penser à rien du tout* ? Récupéré sur Science&vie: https://www.science-et-vie.com/questions-reponses/est-il-possible-de-ne-penser-a-rien-du-tout-10636.html

Ciarrochi, J. (2014). *Deviens maitre de ta vie.*

COBUILD, C. (2024, juin 8). *Collins COBUILD Advanced Learner's Dictionary.* Récupéré sur collins dictionary: https://www.collinsdictionary.com/dictionary/english/party-pooper

Diane E. Papalia, G. M. (2018). *Psychologie du développement humain, 9e édition,.* Montréal.

Diane E. Papalia, G. M. (2023). *Psychologie du développement humain, 10e édition.* Montréal.

Harris, D. R. (2021). *Le piège du bonheur* magazine, P. (2024, Janvier). *Pensé.* Récupéré sur https://www.philomag.com: https://www.philomag.com/lexique/pensee#:~:text=S ouvent%20oppos%C3%A9e%20%C3%A0%20la%20vo lont%C3%A9,synonyme%20possible%20de%20la%20 conscience

Nielsen, K. (2020, avril 24). *Global News* . Récupéré sur https://globalnews.ca/news/6859636/ontario-coronavirus-timeline/

Organisation mondiale de la santé. (s.d.). Récupéré sur Organisation mondiale de la santé: https://www.who.int/fr/health-topics/mental-health#tab=tab_1

Oxygénation du cerveau : comment l'améliorer naturellement ? (2024, juin 15). Récupéré sur Performe: https://www.performe.co/blogs/concentration/ameliorer-oxygenation-cerveau-naturellement?srsltid=AfmBOopBicuRrtitITiqZ_AqXlCpkti4DT6LX0s3Dx8Kz6fCzHz3PqOJ

Schoendorff, B. (2024, février 24). *La fusion cognitive: Quand les pensées denotre "esprit singe" contrôlent notre vie*. Récupéré sur Institut de psychologie contextuelle: https://contextpsy.com/project/benjamin-schoendorff/

Scientist, A. t. (2024, juin 19). *askthescientists.com*. Récupéré sur askthescientists.com/fr/sense: https://askthescientists.com/fr/senses/.

Thom, S. (2024, mars 2). *D'où viennent les pensées?* Récupéré sur Je veille sur mon coeur: https://jeveillesurmoncoeur.com/blog/dou-viennent-les-pensees/

White, E. G. (1905). *Le Ministère de la Guérison*. Récupéré sur Ellen G. White Writings: https://m.egwwritings.org/fr/book/195.1173#1173

White, E. G. (s.d.). *Pour un bon Équilibre Mental et Spirituel 2.* Récupéré sur Ellen G. White Writings: https://m.egwwritings.org/fr/book/518.430#431

Zimmerman, P. (2023, mai 11). *How emotions are made.* Récupéré sur Noldus.com: https://noldus.com/blog/how-emotions-are-made

www.ingramcontent.com/pod-product-compliance
Lightning Source LLC
Chambersburg PA
CBHW070318010526
44107CB00004B/351